手机流量营销

陈志波　王若琳　朱海松　著

DATA IS POWER

南方日报出版社
NANFANG DAILY PRESS
·广州·

图书在版编目（CIP）数据

手机流量营销 / 陈志波，王若琳，朱海松著 . — 广州 : 南方日报出版社 , 2016.5
ISBN 978-7-5491-1404-7

Ⅰ . ①手… Ⅱ . ①陈… ②王… ③朱… Ⅲ . ①移动电话机 – 网络营销 Ⅳ . ① F713.36

中国版本图书馆 CIP 数据核字 (2016) 第 095073 号

出 版 人：周洪威
责任编辑：阮清钰
书籍设计：书窗设计工作室
责任技编：王　兰
责任校对：王　燕

SHOUJI LIULIANG YINGXIAO
手 机 流 量 营 销

著　　者：陈志波　王若琳　朱海松
出版发行：南方日报出版社
地　　址：广州市广州大道中 289 号
经　　销：全国新华书店
印　　刷：佛山市浩文彩色印刷有限公司
开　　本：787mm × 1092mm　1/16
印　　张：15.5
字　　数：200 千字
版　　次：2016 年 5 月第 1 版
印　　次：2016 年 5 月第 1 次印刷
定　　价：48.00 元

投稿热线：（020）87373998-8503　读者热线：（020）87373998-8502
网址：http://www.nanfangdaily.com.cn/press　http://www.southcn.com/ebook

DATA
IS
POWER

序一

手机流量驱动数字营销创新

广东省营销协会移动营销专业委员会会长、名传无线董事长兼CEO　陈志波

我认为自己是一个投入某个行业就全身心扑在事业上、激情迷醉而又坚韧的“实践型专家”。在这个最好的时代，我们每个人要做成点事，莫不如此。自2007年创立名传无线开始，我就带着一班小伙伴奋战在移动数字营销的一线上，从企业短信、彩信手机报、微博、微信到现在的手机流量营销。在需不需要做移动数字营销这个问题上，似乎已经不用讨论，但究竟如何做移动数字营销，别说广告主，就是4A广告公司，乃至很多移动营销服务商、手机广告平台运营商和移动应用开发商都各有不同的理解。其核心的原因是现在广告的生态链太复杂了，业态的周期太短了，基本上可以说月月变，前面的常识很快会成为后面的谬误，你才掌握，却发现已落伍了。你刚搞懂微信营销是怎么回事，马上又开始讨论流量营销了。在这种

情况下，似是而非的东西非常多。于是我自创了一套Brian产业发展阶段理论——“云—行—疯”。

我们可以观察到一个现象，当一个新产品出来的时候，第一个阶段就是人“云”亦云阶段，比如微信刚出来的时候，就冒出了很多微信营销大师，常常是啥都没干出来的90后在台上忽悠，事业做得很大的70后、60后在台下洗耳恭听；任何一本营销和管理教科书上都会强调的会员管理、组织扁平化被挂上“微信营销”的帽子，让一帮没干过互联网或者撑死干过几天网络营销的人吵翻了天，台下坐的还是那些事业做得很大的70后、60后。第二个阶段就是践“行”阶段，受过多轮教育同时勇敢地拥抱微信营销的企业，经过充分的学习、试错，最终建立适合企业DNA的微信营销营运模式的企业会最先收获微信营销实在的红利。同时这个阶段也会出现真正帮企业落地的移动数字服务商。名传无线成功服务过的一个化妆品品牌叫丸美，丸美是首批在微信中成功的构建CRM会员体系，同时把微信和ERP后台系统打通融合在一起运营的化妆品品牌，这个案例也成为微信营销的经典案例。第三个阶段就是“疯”阶段，这个阶段最大的特点，就是资本的介入，通过资本的力量，把产业迅速做大，最终形成行业的竞争格局，比如：微信营销平台的微盟，以及在广东一些专注于微信020平台的企业。

手机流量营销真正火起来也就在2015年上半年，按照我的“云—行—疯”理论，现在的手机流量营销处于人“云”亦云阶段。我相信很快会有很多手机流量营销“大师”出来搞流量营销的培训课程，以前的经验告诉我，与其让这些“大师”出来忽悠，不如实实在在做点事，名传无线通过半年多的时间做了近200多个案例，同时学习研究了近1000个案例。也许我们的理论体系不能做到完美，但我们起码在“行”啊。我把这个想法和同事，还有朱海松老师以及运营商的同行沟通，他们都非常支持我，其中，21CN分管流量的副总裁王刚给我们很多创新的建议，并亲自写了序，朱海松老师在理论体系构建上给了大量的指导和帮助，名传的小伙伴们也积极贡献案例。2015年12月31日，我们的流量事业部收到2015年度最大的一笔合同，一个手机流量营销的年度服务合同。有了这些支持和素材，我们就有信心玩好这本书了。

据CNNIC发布的第36次《中国互联网络发展状况统计报告》显示，截至2015年6月，我国网民达6.68亿，2015年上半年，手机支付、手机网购、手机旅行预订用户规模分别达到2.76亿、2.70亿和1.68亿，半年度增长率分别为26.9%、14.5%和25.0%。运营商的流量活动通常为自有用户，具有局限性，而第三方手机流量营销平台整合了三大运营商的流量，营销活动适用于所有用户，在市场上已经有了广泛的影响力。我国已有近200家流量营销平台，其中包括中国移动的爱流量、中国联通的流量银行、中国电信的天翼流量800等运营商的自有平台，还包括名传无线的流酷流量平台等第三方流量营销平台。

名传无线的流酷流量平台是从自身独特技术加广告的企业基因切入流量营销行业，流酷流量平台核心包括三部分：流酷程序化创意平台、流酷程序化购买平台、流酷媒介联盟。

（一）流酷程序化创意平台（www.liucool.com）是一个提供全方位手机流量营销活动方案，免费制作生成活动方案，购买流量资源并最终发布传播的平台，它提供大量的活动模板创意库，能够帮助企业简单、快速地定制个性化的手机流量营销方案、活动界面。目前它是国内独创领先的流量营销程序化创意平台。

（二）流酷程序化购买平台是构建在名传云平台基础上的流量管理平台，通过流酷程序化购买平台，企业可以随时进行流量和媒介的购买，购买之后可以立即投放。投放形式、投放时间、预算分配均更加灵活，可以提升广告投放效果。

（三）流酷媒介联盟。手机流量营销本质上属于奖励营销，媒介对整个营销执行效果非常重要，为了提升广告主流量营销投入ROI，流酷整合了大量的自媒体资源和按效果付费媒介资源，包括32万个微信自媒体、26万个微博自媒体，其中流酷和中国最大的Wi-Fi运营商百米生活签订独家的如影随行＋流量战略合作协议。

对于未来广告业的走向，我认为4A广告的未来之路应称为无线4A，我相信数字营销和传统广告的融合必定是技术、创意和大数据思维深度融合的过程，其中三种重点能力是一家无线4A公司须构建的三种能力，即全媒介整合能力、4G+移动互联网时代的基础通信能力和大数据应用能力。同时我更相信有三个细分领域会高速发展，那就是程序化创意、按效果付费的媒介和大数据应用。

营销这回事，越来越复杂了。手机流量营销出现的时间不长，我们诚惶诚恐地向业内各方大佬请教，同时自己苦心修炼，希望玩出一本靠谱的手机流量营销实战指南，能够大大缓解从业者在这方面的匮乏状况。根据我们既有的实践，如果大致掌握书中的规则与技术，一定能对手机流量营销有了概貌式的掌握。手机流量营销，是移动数字营销又一大红利，在这里与大家分享。最后，期待《手机流量营销》这本书能为中国数字营销创新提供一些启示。

中国电信
CHINA TELECOM

序二

“流量+”下的手机流量营销

中国电信综合平台开发运营中心副总经理、世纪龙信息网络有限责任公司副总裁　王刚

随着移动互联网的快速发展，中国的手机用户增长迅猛，2015年10月已超过13亿，其中手机上网用户超过9亿。手机用户的规模发展、智能终端的日益普及、移动应用的大量使用推动了手机上网流量的爆发式增长，2015年10月三大电信运营商的手机上网流量合计达到了28.8亿G，连续实现了10个月翻一番。流量收入在电信运营商收入中的占比不断提升，电信运营商正积极从话务经营向流量经营转型。

流量已经成为用户手机上网的刚性需求，但用户使用流量时总是小心翼翼，担心流量资费贵、套餐流量溢出和天价流量费，而选择使用免费Wi-Fi上网，甚至冒着个人信息泄漏的风险。可见，人民群众对流量的旺盛需求和运营商流量生产方式的落后已成为当前流量经营的主要矛盾。那么运营商该如何更好地推动流量经营发展呢？

十三五规划建议中提出实施“互联网+”行动计划，提出了“释放新需求，创造新供给”，这些理念为破解流量经营提供了政策指引。运营商以前更多关注的是需求侧，包括套餐设计、资费设计、促销政策等，而目前逐步重视流量供给方式的变革和创新，通过将流量能力开放给合作伙伴，大力发展后向流量和定向流量，促进政企流量市场的发展，来营造良好的流量生态系统，形成和繁荣流量产业链，从而推动流量经营上升到一个新的层面。

2015年6月19日，中国电信综合平台开发运营中心携手人民邮电报社、中国互联网应用创新工作委员会在北京召开了“2015流量开放合作大会”，提出了“流量+”的概念。大会聚集了互联网企业、广告营销公司、平台分销公司、行业解决方案提供商等众多合作伙伴，共同探讨流量经营的发展，并发布了行业第一份《流量经营白皮书》。“流量+”是在流量互联网化的基础上，以“流量+内容”“流量+营销”“流量+企业”等组合满足不同应用场景下流量经营的需要，这极大地扩展了流量经营的范畴，有力地推动了流量经营全行业的发展。

“流量+”的推出，使用户除了前向套餐获取流量方式，还可以通过参加商家的营销活动获取流量，可以以打包流量和内容的方式获取流量，可以企业埋单员工免费的方式获取流量，这些都创新了用户获取流量的供给方式。

与此同时，“流量+”也为政企及各行各业甚至小门市提供了流量能力，流量可以和产品结合，可以和营销结合，可以和服务结合，这极大地丰富了移动互联网环境下用户经营的新方式、新内涵。

“流量+”营销是最重要也是传播最广泛的流量应用场景。品牌推广、App推广、关注公众号、拉粉丝、引客进店、销售激励品、积分兑换流量、抽奖获流量等营销创新不断涌现，为用户带来实实在在好处的同时，也为企业创造了营销价值。越来越多的企业接受了流量营销的理念，在流量营销中的投入不断增加，于是，新的流量营销公司出现了，从事流量营销组件开发的专业公司出现了，传统的营销公司也纷纷转向流量营销，可以说，营销行业携手流量经营进入一个崭新的发展阶段。

作为“流量+”的倡议者和推动者，我非常欣喜地看到陈志波先生将名传无线流量营销的实践成果进行归纳，将全行业流量营销的创新发展进行总结，并编撰成书出版，这必将推动流量经营和各行各业的紧密融合。陈志波先生兼具企业家和作家两种精神，是务实的“互联网+”国家战略的践行者，是运营商深化流量经营的社会导师。

希望更多的人看到此书，希望更多的人和企业加入流量营销发展的大潮中。流量营销，祝您成功!

2016年4月

序三

手机流量营销助力商业Wi-Fi变现增值

百米生活副总裁　谭砚耘

读到阿波的《手机流量营销》初稿的时间，恰好是和阿波公司合作两个月整。阿波所在的名传无线和我所在的百米生活，从初相识到签署战略合作协议，不到3天。

什么原因让两家公司急吼吼地牵手联姻到洞房花烛？一方面是阿波的风度和魅力，另一方面则是流量营销对于商务Wi-Fi变现增值的巨大作用。

先介绍一下百米生活。百米生活是中国最大的商业Wi-Fi服务商，是第二位的6倍，全国有35万个Wi-Fi热点，每天800万日活用户，广告banner展示次数超过3亿次。

现在问题来了——广告转化率低。百米生活的广告客户，大多数是按照效果付费的，更喜欢用CPA模式，而非CPM模式。CPM（每千人成本）是单纯地展示广告计费方式，按照1000次广告展示而支付费用。但很多广告用户不仅希望品牌宣传，还希望产生效果，比如广告被点击、活动报名、手机注册、绑定银行卡、关注公众号……用户基于动作付费方式，就是CPA（每行动成本）。

为了提升CPA的完成率，百米生活绞尽脑汁，如修改创意、更换图片、提高广告精准匹配，效果却难以尽如人意。因为用户连接Wi-Fi上网，本意并不是为了看到某个广告点击进去，然后再做某个动作去满足广告主的意图。用户的这种抵触，体现在点击率低、动作完成转化率低。

比较典型的例子是：百米Wi-Fi的某个手游广告banner，可能展示了1万次，带来了100次点击，却只有1个人下载并激活了游戏。经常遇到更痛苦的情况是，用户下载游戏的时候，发现游戏太大，超过了10兆，担心耗费自己的流量而终止下载。这种情况最差，所以游戏下载激活的转化率可能低于万分之一。

然后阿波来了，名传无线来了，流酷平台来了，带来了流量营销的好方法，与百米生活的商业Wi-Fi一拍即合。我们现在看看两者整合后的解决方案：用户看到了手游广告banner，上面写着“下载游戏赠送100兆流量，点击进入H5的下载页面下载”（赠送了100兆，下载50兆的游戏毫无压力），安装激活获得赠送100兆的流量用户满意（额外得到了流量，还有玩游戏的快乐）&手游广告主满意（得到了真实用户）。

上面的变化是革命性的。流量营销方式的本质是将广告主利益和用户利益进行了绑定。用户为了得到流量而主动完成了某个动作，实现了CPA，大大提升转化率。百米生活通过Wi-Fi热点的实测数据，添加流量营销模式后，整体广告转化率提升超过了300%。而且以前百米生活不敢接触的P2P或者保险类的超低转化率广告，引入流量营销模式，取得了10倍以上的收益转化。

流酷平台，是阿波数年磨一剑的产品。百米生活加入流酷平台，广告部的投放专员通过仅仅一小时的自我学习，就可以在平台上完成包括流量采购、广告定制、H5页面生成、广告投放、流量分发等系列工作，而这部分工作对于广告主而言，是不小的工程量。现在流酷平台轻松做到了。

以上就是百米生活与名传无线结缘的过程，也是我和陈志波先生相识相知的过程。道是寻常最奇崛，成如容易却艰辛。阿波在运营商20年的从业经验以及敏锐的商业触觉，加上艰苦卓绝的产品迭代研发，将流量营销流程化、模块化、平民化，对于所有的商业Wi-Fi变现增值，都有着非同一般的作用。

2016年1月22日

序四

流量营销新玩法："互联网+"时代，此时不变，更待何时?

广东省营销协会移动营销专业委员会副会长　王若琳

让我们简单回顾一下：在PC主流时代，传播主要借助四大门户网站：新浪、网易、搜狐、腾讯；我们要找各垂直网站，就是豆瓣、猫扑等等；我们要拿钱去砸百度推广，竞价排名，SEO优化；我们要找网盟合作，就是阿里巴巴。从PC时代开始，广告人要拼创意、拼文案，做年度活动，那时广告人感觉还是有情怀的，是艺术家的事，也是特立独行的。

进入移动互联时代，媒体也全面发生变化，企业进入自媒体时代，我们传播增加了微博、微信、QQ空间，我们追逐小游戏传播热潮，一起打飞机，一起神经猫……

结合小游戏这股浪潮之后，流量成为移动互联网下一个入口。

互联产品的增加，让个人用户的习惯已向移动端迁移，我们需要流量，每天刷微信，刷微博，打游戏，看新闻；我们关注流量，虽然城市Wi-Fi越来越多，但是“3·15”晚会曝光Wi-Fi的安全问题令人担忧。即使有Wi-Fi，但许多人仍坚持用自己的4G流量，当然还有一个很有趣的场景，有些同学为了节省流量，有些可爱的动作：打开网页，关数据，浏览，再连接，再浏览。

借着这个流量的东风，很多互联网公司都开始运用流量营销，传统行业也在转型用流量，关注微信公众号送流量，关注官微送流量，下单送流量。

流量是什么？

流量营销中一般指的是后向流量，也就是企业统一采购流量，赠送给个人客户，供个人客户免费使用，由企业进行付费的行业，为后向收费流量，像短信一样。

流量分为两种：

第一类是通用流量，即不确定应用，客户可以随意使用于各种应用，全国通用。

这种流量，移动又把这个通用流量叫作流量自由充。

在通用流量里，还有一个广东省的产品，叫流量红包，这个仅限广东省的用户在省内使用。

第二类流量是定向流量，个人用户访问固定的App、网址、IP，所产生的流量由企业付费，个人免费，叫定向流量。移动、联通统称为流量800，电信称为天翼800。比如腾讯视频网站免费看电影等用的是定向流量。

这些规格都是通用流量，全国使用，移动、电信、联通规格各不相同，我们做活动时可以灵活配置，流量红包就是广东省内用户使用的。

定向流量包的规则为，定向流量池最小为1M，按实际使用付费，定向流量实施周期很长，一般要2—3个月，目前移动的定向流量正要出台新政策，资费会比原来的低，所以我们也在等移动。

在目前，客户要的是效果，传播已快餐化。用流量最直接的目标就是为客户拉新增、存活量、转消费，在拉新、留存、转化的每个环节我们都可以做到用流量的形式。拉新方面，客户关注我们的微信号我们可以送流量，客户注册成为会员可以送流量。提升活跃度方面，客户持续多久签到我们可以送流量，客户登录某活动页我们可以送流量。转化方面，客户充值我们可以送流量，客户投资我们送流量，老客户回馈就更好了，积分兑换、抽奖等，我们送客户10元话费，不如送他10元流量100M更来得有力度和吸引力。

流量在微信吸粉等各类互动营销中都可以使用。

我所在的名传无线是腾讯游戏的指定合作商，腾讯接入我们流酷的流量进行推广，我们也会用自媒体帮助腾讯进行推广，我们和腾讯共有十款游戏合作，《王者归来》是我们和腾讯联合首发的游戏，关注H5活动，下载App，登记号码即送流量。游戏行业预热之后，后期可以进行下载送流量、充值送流量等等。

汽车行业也可以采用流量营销，新款凯迪拉克购车送流量活动，策划打了一个擦边球，登录天猫活动页，填资料付定金，到指定4S店完成购车合同，前100名用户获赠1亿KB免费流量。1亿KB，相当于10万M，也就是100G流量，也就是每个客户送了5000元。创意做得好大。

另外还有百度推广参加调查问卷活动送流量，绿箭的活动，扫码活动页，定时参加抢30M流量，每天1888个，这个活动获得微信官方2014年度最佳创新案例。

流酷，是名传旗下的第三方营销平台，定位是流量让营销变得更酷。

流酷平台是集合移动、联通、电信三大运营商的通用流量和定向流量的资源，在流酷平台上进行分发配置，结合全国流量，三网流量整合给各企业使用。流酷平台的特点为：资源聚合，三网运营商，全国流量。平台充流量，接口触发均可实现。智能账单，统计三网数据，统计账单。

每次见客户后，客户都对我们的流量表示非常满意。我帮客户做好流量计划之后，比如说采购流量之后，客户的活动可以在名传无线的自媒体做推广：流酷微信公众号将会收集大量最酷案例；通过名传微信公众号，免费领流量。这里将会有不同企业的活动上线，客户也可以查询流量余额。名传主要做B端，用户约有5万人，是非常有价值的企业。

另外也可以将部分活动放在广州移动App和广州移动微信公众号上面，广州移动App有300万移动用户，微信号有200万用户，这些都是最精准、高端的自媒体。电信微信公众号有600万粉丝。现在的客户都在找企业的自媒体投放，运营商的自媒体是最好的媒介资源。这个够吸引吗?

另外我们流酷还会提供部分免费的H5活动模板支持活动，我们也可以提供个性的H5技术开发，帮助广告行业兄弟企业做到活动零开发；会协助兄弟单位把活动放到我们上述的一些媒体上做活动投放和引流；会安排专人对接服务，并做好活动的效果监测。

目前流量的活动应用的行业非常广泛，快消品行业、汽车行业、地产行业、金融行业等都可以应用。主要的场景也是四类：App类应用、手游应用、微信应用、活动应用。

名传无线成立于2007年，开始是做通信行业，主做短信，中间也经历了很多的转型。2014年微威科技主做新媒体营销，目前两家公司准备并购，计划在2016年进行资本运作。名传无线主营业务三个部分：秒达短信、手机流量、新媒体营销。

序五

无线4A崛起：比技术更懂广告，比广告更懂技术

手机媒体专家　朱海松

2014年中国证券市场推出的新三板席卷全国，掀起了企业上市的新一轮热潮，其中广州一家专注于移动营销领域近十年之久的名传无线（MTA）数字集团打出“中国无线4A第一股”的旗帜，引起业界的关注。这是中国广告行业第一个基于“无线4A”概念的综合广告代理服务公司。名传无线（MTA）的口号是：比技术更懂广告，比广告更懂技术。

移动互联网时代的4A广告公司面临的是以移动终端为核心的跨屏数字整合营销，这里面既有互联网思维的转变，更有技术实施的升级，是全方位的挑战！

“无线4A”的定义是：移动互联网时代基于手机全媒体的社群构建、精准投放、互动制作等服务的综合广告代

理商，是互联网思维下传统广告手段在手机新媒体上的全面应用。新型的无线4A公司除了要保持强大的创意能力，还必须拥有强大的技术基因。

国际4A广告公司已经循规蹈矩运行了上百年，建立了完整的服务体系和操作流程：品牌主委托代理公司，后者制定全套广告传播策略并找到媒体平台落地，整个过程告一段落。但这一“标准化程序”在移动互联网时代被全盘打乱了。数字化传播渠道尤其是移动端的迅速普及，使这个产业链衍生出了全新的角色，也推动过去的国际4A广告公司重新定义自己的位置。“比技术更懂广告，比广告更懂技术”充分体现了以社交网络、移动终端、电子商务、搜索引擎、大数据为代表的数字化浪潮下，广告行业的实质特点。新技术、新媒体、新渠道、新模式的不断涌现，促使企业营销方式的变革，还有那些迟疑不定的品牌商和急于捍卫霸主地位的4A广告公司。借助于新型广告方式，广告主们开始变得“精明”而“难缠”起来，这让曾在历史上占尽优势的4A广告公司忧心忡忡。未来的数字营销趋势将如何演绎？国际4A广告公司又该如何去应对？

中国互联网络信息中心（CNNIC）在最新的《第34次中国互联网络发展状况统计报告》中称，2014年上半年，我国网民上网设备中，手机使用率达83.4%，首次超越传统 PC（不包含平板电脑等新兴个人终端设备）整体使用率

（80.9%），成为第一大上网终端设备。毋庸置疑，移动端正在成为主流的传播渠道。当下，网络数字营销正在经历着PC入口集中化、移动入口垂直化的阶段，“无线4A”就是在这一大的时代背景下的产物，“比技术更懂广告，比广告更懂技术”不仅是一家公司的诉求和定位，更将是整个以国际4A和中国4A为代表的广告行业在移动互联网时代的新定位。不要与趋势为敌！

360的总裁周鸿祎说：“任何企业都可以找最强的竞争对手，但有一个对手你是打不过的，那就是趋势。趋势一旦爆发，就不会是一个线性的发展。它会积蓄力量于无形，最后突然爆发出雪崩效应，任何不愿意改变的力量都会在雪崩面前被毁灭，被市场边缘化。”

从2010年至今，关于国际4A公司收购技术企业的消息不绝于耳。随着“中国无线4A第一股”的出现，将进一步掀起国际4A和中国4A公司收购技术公司的浪潮。技术资源可以通过外部整合得到，但互联网思维的转变需要的是内在超越！

目 录 / CONTENTS

第一篇

不确定时代的“云—行—疯”

01 理解“互联网+”时代

无论是“互联网+”时代，还是“+互联网”时代，如果回到企业本身，更多的是不可确定性。比如人才环境、竞争环境、技术环境、括投融资环境等，这些如果可以确定，就不会有2015年6月的股灾，95%的人被套牢了。正如《乌合之众》一书中所说的大众思维，基本上大家说对的事情其实是错的。从这个角度来说，这个时代就是不确定的时代。如果说小米雷军是“互联网+”，那么格力董明珠就是“+互联网”，但是两三年过去，华为顺势而起，从另一个角度说明，华为有自己的通信模块和技术，有设计能力，有自己的CPU，所以它慢慢超越了小米。

一个新的产业出来之前会经历三个阶段：

第一个阶段是“云”的阶段。“云”即人云亦云，这个阶段很明显的标准，就是一堆新锐老师做培训。比如微商，全部由一堆90后的年轻人教大家如何做微商，一些做很多年实业的老板听一个小伙子讲课，这个阶段可以称为微信营销的“云”阶段。再比如现在的“互联网+”时代，很多不做实业的人都来大谈特谈“互联网+”，这也算是“云”阶段。

第二阶段为“行”的阶段。2015年以后搞培训的人不说“互联网+”了，都是各种场合做实业的老板分享他们如何做“互联网+”，一些资深的人对互联网当下的观点，我们可以说这个阶段是在“行”的阶段。

第三阶段为“疯”的阶段。“疯”就是大资本来了，如当下的并购。大资本来了，行业开始并购。

我们为什么要关注这三个阶段呢？无论做微信营销、互联网+、020，你都要看它处于哪个阶段，然后采取跟进还是领先，定好后策略就很明确了。也就是说，别人在“云”的时候，你该去听，“云”没什么不好，了解“云”是怎么回事，如若在“行”的时候就该“行”，该“疯”时就去接触大的资本。你也可以选择领先，很多人思维很创新，可以选择创新的策略，比如马化腾是跟随策略，马云是创新策略，看你能hold住哪种。

02 “互联网+”的三个特点

“互联网+”，就是“互联网+传统”的一个过程。

第一，我们可以看到，在“互联网+传统”的时候一般都是反思维思考。最可怕的地方是以前收费的现在要免费，比如以前坐出租车，出租车提供服务，用户付钱，但

滴滴打车出来后，除了不要钱或者很少的钱还有补贴，这就很吓人了，重构了整个宫殿，把盈利拉长，除了提供服务，还融合了金融，提供服务不赚钱，靠金融盈利，它弱化主营，拉长产业链转化金融，这就是互联网企业对传统企业影响最大的地方。

第二，一般都是互联网企业主导整个融合的过程，如果一个互联网企业开实体店跟实体企业把店搬上官网是不一样的，很多实体企业把店搬上互联网就是做电商，把互联网当成工具，一个渠道来做。具体来说，在互联网里，产品经理是非常重要的角色，但是很多时候传统企业没有产品经理这个角色，我们的传统企业的产品经理可能是做designer，做完以后开始按程序走，没有一个产品经理的全程把控，这是很大的一个区别。

第三，就是“+大数据+渠道+云计算”等。大数据也如此，如滴滴、优步，大数据的算法在整个盈利里占据很多因素，如在哪个区送代金券，在哪个时段打折，哪个时段补贴，哪个时段加价，都有严格的算法，如若没有大数据支撑不可能做到这样。

我们来回顾一下滴滴打车的整个过程。首先，滴滴打车没有太大的争车风险，提供平台方便民众打车，这是政府倡导的分享经济。使用滴滴打车，最核心的问题是支付归支付，接着通过返现的形式补贴，只要司机装了App，只要消费者支付，就可补贴你5元不等，司机和乘客都赚钱，也得到社会认可。而一旦拿到所有的乘客支付入口，开始做专车，租车和专车连接起来，这就给整个体系带来压力，这种方式，最开始在上海合法化，之后在天津、南京、广州。接着滴滴开始做代驾，这便是典型的产品式入口。用户是资产，社群是商业模式，在代驾的时候，并购了E代驾，这便是互联网对传统企业的冲击。

03 “互联网+”的思维怎么做手机流量

对中国移动来说，从“互联网+”的思维怎么做手机流量，如果你真认为中国移动是互联网公司？我提出对C端免费的概念。第一，不收消费者的钱。中国移动需要转型，用户总是抱怨手机流量太贵，我建议对C端免费或者包月的形式，大家有没有留意到，2015年中国移动广州公司推出58元包，送明年一个季度的流量包，这便是对民众的一种方案。第二，对于那些做手机游戏的互联网企业，如对腾讯降价，现在都用微信，你用微信厂商的流量，却向微信收费，或者说你和腾讯分成收费。第三，如若这般，那利润何来？它不能全靠业务赚钱，而需要靠投资赚钱，BAT竞争得很厉害，我可以跟腾讯谈判，允许移动流量入股，否则就加价归阿里巴巴。第四，做很多的孵化器，把流量产品作为资产投资到孵化器，让孵化器做很多应用来消耗流量，这一点移动已开始做了，这便是在移动的体系下，“互联网+”该如何做。

04 “+互联网”时代商业创新的四大特点

“+互联网”就是传统企业在主导整个融合的进程，其实它更多的是利用自己存量的优势，用行业标准的优势、公信力的优势，去+互联网，去提供它自身服务客户的能力。“+互联网”的时代的商业创新主要包括四点：

第一，供应链的技术。做供应链的组织者和利益的分配者，如滴滴打车即是把车、乘客组织起来，成为供应链组织者，然后将利益各自分配好，又是利益分配者，这便是供应链技术。

第二，金融。其实我们会发现很多行业转型升级的时候就是做这件事情，例如做油烟机的，现在能否转型做零售；如果是做零售的，能否做金融。其实金融技术，即新三板，大家会发现以前是市场经济，现在变成资本经济。市场经济很好理解，就是有一只无形的手在主导这件事，我们只要响应它即可。如何做市场经济呢，开更多店，招更多人，把厂商、覆盖加上去，这便是市场经济。资本经济如何做呢？尽可能地用资本将竞争力的构建放大主营业务。别人总问我，你现在做入口，到底是赚钱还是赔钱？这里面涉及一个问题，加资本就赔钱，不加资本就不会赔钱。后面我会讲一个案例，就是关于传统企业如何转型的。

第三，信息技术。把两个连接起来就是IT技术，便是信息化技术。我们做企业都知道ERP，ERP就是把货、钱、信息算清楚，然后连接起来。但是现在所有的ERP厂商都做过转型，叫作社会化ERP，就是把ERP跟社交媒体打通，典型的就是ERP跟微信打通，如SAP跟Facebook打通，国内的用友跟微信打通。为什么要打通呢？如果用CRM的理念跟用户接触成本很高，而且消费者不愿意跟我接触，用微信就不然。比如山东老家，之前的呼叫中心有17人，他们主要承担的工作就是接受投诉，甚至被客户骂，并做善后服务，送客户一些代金券，这就是把内部系统和外部系统打通的一个例子。

第四，新媒体技术。营销的问题就是媒介的问题，如果你做营销就会发现，做营销主要是搞定媒介。这个我们要反思，我们搞营销主要把精力放在媒介，100万元的活动经费肯定大部分是媒介的花费，如果活动对媒介理解不够，那是个失败的活动。将来消费者的主流言论场在哪里，关注点在哪里？就在社交媒体、垂直媒体里。你会发现现在平台媒体如新浪、搜狐投广告，ROI越来越低，你可能选择一个大号，垂直媒体效果更好。比如做投资的，你要找到的是做投资的垂直的一帮人，而不是大而泛的人群。我们可以反思自己的阅读习惯，如你是一个关注汽车的，你是喜欢加入一个汽车的垂直的专业媒体论坛，还是选择某些门户网站什么都看呢？如果你是发烧友，你肯定会选择垂直媒体，而不会选择大众媒体的专栏。所以自然而然投放广告的人一定会投放垂直媒体。另外，还会考虑投放社交媒体而不是纯粹的展示媒体。所谓社交媒体，就是你告诉其他人，他们会跟你互动，觉得有趣还会帮你传播出去，具备病毒传播性，就是蝴蝶效应，很容易引爆舆论。

咱们来看一个案例，名创优品主打日本快时尚设计师品牌，名创优品的主要商业模式是：用低毛利率商品，靠庞大的销售数量取胜，加盟。

1. 商品直采：一间名创优品店约有3000种商品，绝大部分从800多家中国工厂直接订制采购，工厂几乎全部为外销企业，80%在珠三角和长三角。

2. 设计管控：名创优品控制了商品的设计核心力，除了食品，全部使用MINISO（名创优品）的品牌，由此掌握了商品的定价权。

3. 快速流转：一般百货店的商品流转时间为三到四个月，名创优品可以做到21天，叶国富投巨资开发了供应链管理体系，对所有商品的动销速度进行大数据管理，提高资金和销售的效率。

4. 带资加盟：实行投资加盟，由投资人租下并装修店铺，名创优品进行统一的配货销售管理，投资人参与营业额分成，由此大大提高了开店的速度。

5. 全球思维：全球输出日本设计，无缝对接全球采购战略，目前中国市场在售产品中有20%国外采购，与此同时店铺布局也逐步走向国际化，从中国香港、日本东京、新加坡和迪拜等开始辐射全球。

6. 粉丝运营：通过“扫描微信号即可免费赠送购物袋”的办法，快速积累粉丝，在短短一年多时间里，名创优品微信订阅号的用户超过800万，成为一个超级大号，从而为互动营销创造了可能性。

类似案例还有很多，尚品宅配做定制家具，只要注册，即可免费上门量尺寸，这是免费吸粉的好方法。我们可以看到，产品直采是工业技术，设计是工业技术，快速流转是工业技术。尚品宅配把整个产业链原来OEM做不下去的变成上游，为什么要听它的？它输出了设计，接着前端是它的加盟店，这是他的工业技术。粉丝运营是它的自媒体技术，快速流转是它的信息技术。

再看金融技术。这里我分享一下分利宝这个案例。分利宝由赛曼基金投资，致力于为消费者提供“安全、快捷、简单”的在线理财服务。它通过与大型品牌连锁机构（如名创优品和Pelicana啤酒炸鸡）合作，实现品牌连锁业闭环资金管理，提供多种投资理财方式，灵活安全高收益!

它把每一个加盟店都做了一个资产，放这里来，接着去找人投资，所以开店速度是非常快的，在短短时间内开了1100多家店。你想想，你到处找人加盟，一家店的加盟费要不少钱，就算一家店500万元，半年时间搞定1100家不是一件容易的事情，但是如果把每家店都当成个资产，放到P2P平台里，然后找一堆人去投资，这种是不是叫带资?你找一把年轻人来，每个人投一万块钱，开个店，然后帮你托管，听起来多好听的一个故事，其实它是把互联网金融和连锁加盟做到了一起。也就是说，他的门店作为投资项目，是他的项目供应方，他的门店的消费者变成了这个P2P平台的投资方。

05 吸粉，互动，转化

我们公司是做无线4A的，其中有一块业务就是手机流量营销，现在跟大家分享一下“吸粉，互动，转化”是如何操作的。

我先讲一下其他传统行业，谈谈广东知名品牌——天地壹号。我是经历了壹号厨房的起起落落的。

在广东以外是喝不到天地壹号的。因为天地壹号的陈总算了一下，如果去做广东以外的市场，营销成本、管理成本要增加一倍，那净利润会下降得很厉害。而现在，30多亿元可以有5亿元净利润，这是非常厉害的。

天地壹号是怎么出来的呢？最开始陈总是做酒的，但做得不好，所以他后来做了饮料。他的壹号土猪又是怎么做的呢？他父亲原来是养鸡的，后来遇上禽流感，就干脆改养猪了。我们可以看到，他所有的产品都不是设计出来的，而是逼出来的，原来的产品不成功，改做其他产品了。原来做酒，不成功就做饮料，养鸡遇到禽流感，就养猪吧，没想到搞定了。这就是他传统的部分，他还有加工联网的部分。

陈总开了一家壹号厨房，因为我是湛江人，喜欢吃海鲜，每个礼拜都去。他的壹号厨房是怎么想的呢？因为已经有饮料了，有酱油了，有猪了，有牛了，有鸡了，干脆搞超市吧。这就是从产品进超市的渠道。超市怎么做呢？做O2O。他的第一家店在广州番禺的丽江花园，旁边就是华润，原来华润、正佳都在售卖他的猪肉，陈总开了那家超市后，就不再供应这些超市，顾客全到他那里买了，这就是他做壹号厨房当时的现象。

他是怎么吸粉的呢？你们只要来排队登记，就送一个月的青菜，这就是典型的免费拉粉。你们成为他的粉丝、用户后，必须下载他的App才能送菜，这就是培养用户的使用习惯。接着他还会告诉你，只要预存500块钱，就送一个月的巴马瓶装水。他用免费的青菜吸粉，用巴马水吸引预存，接着把你慢慢地引到他的线上平台，使你养成了从他的平台消费生活日常用品的习惯，形成了依赖感，不知不觉中被他的品牌包围，这是典型的O2O平台下的SoLoMo商业模式，即社会化、本地化和移动化，完成了从线下到线上，又从线上到线下的闭环，总体上来看，就是“互联网+”的商业模式在生活社区的应用。

06 手机流量+互联网：流量银行与流量钱包

手机流量+互联网有两个方向，一个是流量货币化，一个是流量后向经营。

什么是流量货币化？简单说就是，美元之所以是全球货币，是因为美国拥有最大的黄金储备，所以大家认同美元作为全球货币。互联网也是一样，发展到一定程度以后，我认为一定会产生一种类似货币，能够代表国家意志的、有公信力的，那就是流量！

现在QQ有Q币，阿里巴巴有阿里金币，京东有京东币，每个商城都有自己的积分，可是彼此怎么流通呢？我觉得，用流量是最合适的，因为运营商是国家的，另外，流量是值钱的，也是大家都认可的。

那么什么是流量后向经营呢？流量的可交易跟货币化成为运营商串联起来的关键因素，其实很多人都在做，就是所谓的流量银行。商家可以向运营商购买流量，通过活动让用户完成任务以获得流量，用户完成任务获得流量后，可以在平台将流量转换成流币，通过流币可以实现话费充值等优惠政策。用户可以自己使用流量或赠送他人。在流量银行可以将免费获得的流量，用于给手机充流量、给朋友送流量、发流量红包等，也可以实时查询手机流量使用情况。

流量钱包，主要是便于用户将参与营销活动获得的流量储存起来，他们获得的流量可以通过流量钱包提取到手机号码或者转赠给他人使用，实现三网流量的流通。

07 不确定时代的企业经营管理

我是个企业经营者，常常要到客户那里去做培训。对于企业经营管理，我有以下几方面体会：

第一，现在不要定战略，只能定目标。不要定五年十年的战略，那样没有意义，因为变化太快了。

第二，要找风口。要做“互联网+”必须要找风口，客户最需要的东西就叫风口。按雷军的说法，风口就是猪都会飞起来，就是我们从事的领域里，消费者是最大的，这就是风口。

第三，选点。不可能产业链全做完，必须选个点，必须是相关的，Hold得住的模式才是好模式。如果现在做的东西跟你原来做的东西是牛头不对马嘴的，我不认为会成功。

第四，PK。PK对应的是KPI（关键绩效指标），不要用KPI去驱动员工，要用PK去驱动员工，PK就是比赛。用PK的方式解决那些我不懂的事情，用敬畏的心态组织PK。

现在我的目标就是2016年上市，要做“无线4A”，这是我的梦想。我们是中国第一家提出来要“比技术更懂广告，比广告更懂技术”的无线4A广告公司。

08 风口就是客户最需要的东西

我们的团队搞了一轮下来发现，其实客户最需要的东西就是风口。因为我是搞数据营销的，接触的是B端的客户。原来我们做传统业务，包括短信业务，包括微信业务，积累了大概一万八千多个企业客户，有一百多个代理商。我就想，我的资源到底怎么跟现在的东西结合呢？后来发现手机流量是个很大的风口。

2015年全国B端的手机流量是50亿元，C端的手机流量是超过1000亿元，足够大的一个市场。

接着就是选点。手机流量我要做了，我要hold得住才行。我发现，尽量用产品作为入口，在做B端业务的同时做C端，其实是不行的。为什么现在很多90后创业失败？因为他们是把创业当成一个项目来做，而不是作为生意来做。生意是要赚钱的，而项目是做给别人看的，你不能一直赔钱，我们不能干那样的事。所以我的理解是，hold得住的项目才叫商业模式。

09 做什么都没问题，hold得住才行

我hold得住的是什么呢?

首先我是做企业市场的，我最早从新华社华南分社出来，在用友待了五年，外企待了五年。我的工作经验一直就是做2B的市场，我讲ERP相信没几个人讲得过我，因为我对企业管理无比自信，那我就做2B市场。我认为一家公司应该有两个产品，一个是保命的产品，一个是品牌的产品。

通俗点讲，就是必须有个产品是让你发工资的。这个产品可能看起来很low，没关系，赚钱就好。我公司的保命产品就是短信，每个月有两百多万元现金流，能够让我给员工发工资。

然后我再创造品牌产品——企业营销。因为有了保命的产品，我做品牌产品的时候可以打价格战，一定要打过竞争对手。因为新业务我可以不赚钱，但是如果一出来就做流量产品，我没那信心，也没那底气。

然后，当你用平台去切入整个生意的时候，一定要考虑做生态圈。现在如果不做生态圈，纯粹做业务收入，一定很快被对手复制，被打垮。

当一个产品的生命周期到“云”阶段，有资本进来的时候，绝对不可以再靠产品的销售利润去赚钱了，必须进

入下一个模式，要有生态圈。

滴滴出行就是生态圈，先用产品拉用户，抢占支付入口，扩大服务，慢慢把金融、用户和车构成一个生态圈以后，竞争对手从哪个角度跟他竞争，他都会跟你打。它提出个口号："我不是做交通的，我是做生活服务的。"这个就太大了，里面有现金流，有支付入口，有人，做什么都可以。

所以，你做产品的时候，一定要考虑产品如何可以帮你构建生态圈，千万不要用卖产品的勤奋掩盖了对战略的思考。

10 我们的商业模式

我们用B2C，通过对企业客户B端的业务赚钱，然后积累消费用户的C端，构建我们的支付，构建我们的C端。我们的产品格局就是，首先我们目前累积了有十亿量级的数据，我们的C端用户数据将近一个亿。为什么我要做大数据呢？因为上市以后我要做一个资本杠杆，跟投资者讲，我的价值体现在用户的大数据之上，在大数据的基础上我们有完整的产品线，为客户提供精准的手机流量营销，这是我们完整的商业模式。

当你有了这些东西以后，就要考虑如何大规模复制的问题。我以前经常犯，也常常看到客户犯的一个错误就是，为了让对手没那么容易抄我，我就把服务的门槛提得非常高，提高门槛最好的方法就是做个性化。在广告业里面做个性化是什么呢？不用产品来驱动对你的服务，用创意来推动对你的服务。比如，我为你做咨询，我很快可以说服你，但我请个员工来给你做服务，那太难了，或许他做得和我一样了，马上会变成我的对手了。

所以，我们构建的产品服务体系，一定具备可复制性，那我是怎么做的呢？我就做了一个数据平台，把我所有的东西抽出来，标准化掉，接着在平台上面建设，开分公司也好，让我的产品可以比较容易复制。

我自己投了一家公司做020，参加股东大会很郁闷。公司负责人跟我讲，公司现在有一百多人，对标是腾讯，接着要搞020平台，做社区。我问他技术是怎么整合的，他说："我经常跟那老板去加油，他公司给我开发一套020系统，我就拿来用了，以后给他点股份。"我说："你肯定干不成，你只是买了一套系统，根本就不懂系统。什么叫互联网的产品？就是快速结账，绝对不是买一套系统在那做运营，而是根据运营的结果快速优化系统。"

找"互联网+"，特别是涉及平台系统开发，一定要考虑到这个问题。因为有太多失败的案例了，你自己必须有个团队，hold得住这个团队，以什么样的方式投入，外包，部分外包，完全自建，看企业家的风格。至于技术老大是给股份，给期权，还是给原始股，还是分批给，我觉得都可以因人而异。

11 企业平台生态圈：开放平台

移动需要业务创新和收入，用户需要免费的流量，商家需要拉新、需要留存、需要转化。我们需要聚合很多流量的活动，需要聚合很多流量偏好的用户，需要发行我们自己的虚拟货币。这就是我们构建的生态圈。

一个客人买我的产品，他买的是用户，不是我的产品。我给你提供流量服务，你不需要买我的流量送给用户，你是希望买我的流量，通过一定的方法，我给你低成本带来很多的用户，这是你要的。所以我的方案一定要能利用平台帮助客户带来有效流量，否则我就无法解决快速复制的问题，所以我对业务人员的要求是非常高的。

接着就是PK，我们公司已经没有KPI了，我们只搞PK。如果我想做一件事情，我就说找两个人来执行，做得好给你加人工，做不好三个月走人，虽然很简单很粗暴，但是也很有效。很多时候，我叫他们做一件事情，我都不知道那是一件什么事情，这是一个不确定时代，只有从不同特质的人给你不同的建议、从不同的角度去不断优化才能接近事实的真相，把答案找出来。这就是我2015年一直推崇的PK文化。PK不是找两个人比赛，而是一种机制，最终把答案找出来。

这种公司管理就是很扁平化的，没什么太多中间的环节。我对中层干部是最苛刻的，如果觉得没什么价值，我不一定设置中层岗位，我情愿对着员工讲话。我原来就试过，一个总监，再加一个组长，搞小组制，组织两个小组，让他们去PK，好的人加人工，差的人把他并进去，这就是小组制。

选人，选两个就好了，有心有力有未来。有些人是个人，但不是个才；有些人是个才，但他不是个人。要找人又找才，那是很难的。他首先要有学习力，这是个不确定时代，他必须要有自我学习的能力，其次是执行力，给一个任务，他就能对接负责。

企业平台化，我估计很多人都在考虑，就是企业孵化器的机制，也会是我们尽可能地去管理化。当你做互联网项目的时候尽量不用管理，一个组织最好设计一个游戏规则，做得好怎样，做不好怎样，不断完善规则，让它自己去运营好了。

平台化，就是有一些项目，我们不用自己去做，而是让快要离职或者水平很高的员工，在企业里做孵化器，他都快要自己创业或者去对手那里，不如让他给你做股东。

滴滴出行的例子告诉我们，就是整合整合再整合。我常想人才怎么整合，从我们公司离职的人员有个群，当我有些任务完成不了时，就外包给他们，互相合作。

12 流量平台：产品是入口，用户是资产

王老吉有个超级加的计划，每个罐子有二维码，扫码进官网就送100M流量，这就是产品入口。用户就是它的资产，到了一定程度，它就会给苏宁、京东导流，把流量变现，它自己就是媒体了，接下来肯定会做自己的用户体系，做自己的积分、自己的商城。

流量的用户需要有几个方向，这是一个风口，投资回报率一定会高过送赠品、送话费，我们是做过调查的。

我们正在做一个流量平台，我们的角色就是，从运营商那里代理流量后，整合一个平台，做成游戏方案提供给客户，这就是我们干的活。

我们做了一个自媒体群，我的流酷工作账户，聚合了3000万流量入口，所有流量入口都会变成用户的入口。

2015年我们曾经做了个活动，广州有广东省脐带血造血干细胞库，脐带血项目致力于保护广大母亲和小孩健康，为了让更多用户群体关注这个公益性项目，我们就在医院的Wi-Fi做流量营销，这样吸引的人群非常精准。

互联网金融的客户，我们做了一百家。App的应用、手机的应用、微信的应用、网页的应用，这就是我们的生态圈。

我们的流酷解决什么问题呢？我们的企业营销人员可以通过平台，快速生成一个H5的游戏，再配上赠送的流量，在朋友圈做流量开发。现在我们做了腾讯10个游戏的上市发行。手游越来越大，对带宽要求越来越高，用户也会希望体验越来越好。

13 Hold得住的模式才是一个好模式

企业是否赚钱，不在于高端低端，而是取决于工序。满足了用户的需要才能赚钱，卖猪肉看起来低端，有人却能够赚钱；光伏产业看起来多高端，结果有人亏得一塌糊涂。所以我们做互联网转型的过程中，千万不要盯住高端的，要多想想我们原来做的是什么，有什么资源，是否hold得住。要做就做我们能hold得住的东西。

商业模式并不是越新越好，hold得住的模式才是一个好模式，专注一个细分的领域，做透做强才是一个企业的发展宗旨。商业模式就是一个杠杆，右边是钱夹子，左边是你的能力和资源，能力多高，就做多大的事。

我曾经总结了一些主要观点，发在微信的朋友圈：

1．企业的DNA没有好与不好，我就是我，要经营沉淀。如果我是卖猪肉的，就多想想农产品电商怎么做，多想想农村的资产在哪里，不一定要像百度那样搞风险经济。

2. 我为什么做流量？因为我做了八年运营商业务，短信跟新媒体。我跟运营商接触了八年，这就是我的DNA，所以我一定要把我运营商的DNA跟新媒体的DNA整合起来，这就是我的流量营销。

3. 根据行业“云、行、疯”三阶段，互联网金融已经进入“行”的阶段，互联网金融的P2P业务应该回归诚信自律的良性发展阶段。

4. 很多平台慢慢用头盘的标准去做项目配置，更多用产业链金融做P2P。互联网金融太热，人才被挖来挖去，我深受其害。

5. 信仰非常重要。

6. 产品经理非常重要，他什么都要懂，有好的就让他做股东吧。

7. 个人借贷加二级市场配置包，高强度的营销投入，很快就出效。

附件1：名传无线出席2015广东营销年会

2016年1月20日，2015广东营销年会在广州中国大酒店圆满落幕。作为营销界、营销人的盛典，会议邀请了国内众多资深学者专家到场。

其中，中山大学管理学院博士生导师王海忠，暨南大学管理学院党委书记、教授、博士生导师卫海英，华南理工大学工商管理学院市场营销系主任、博士陈明，英国RtCatch亚太区及中国董事长谭智德，中国品牌营销学会副会长李易洲，广东营销学会专家委员会专家周兆晴，移动互联网理论奠基人、中国十大营销策划人华红兵发表了精彩演讲！

名传无线MTA数字集团创始人兼CEO陈志波讨论分享观点

名传无线CEO陈志波与名传无线COO王若琳受邀出席。作为圆桌特邀嘉宾，陈志波现场做了《流量就是权力——手机流量驱动营销创新》圆桌主题演讲，掀起无线4A、手机流量驱动营销创新大讨论。

陈志波认为，手机流量作为移动互联网时代手机用户的刚需，以手机流量包作为激励品，刺激用户参与活动，以达到营销推广的目的。企业运用流量营销驱动用户，实现拉新留存转换，对于企业来说，流量营销将是一个很好的营销解决方案。因此移动互联网下一个风口很可能出现在流量营销领域：流量就是权力，流酷手机流量驱动营销创新。

此言一出，引发会议全体人员的激烈讨论。流量会不会成为2016年的风口暂时不得而知，但随着智能机的普及，手机流量对用户来说的确是越来越重要。

名传无线旗下专注流量营销的流酷平台，目前势头迅猛。据统计，与流酷合作的企业品牌已近500家，包括陆金所、PPmoney、小牛在线等众多互联网金融企业；同时，腾讯游戏、国美、自然享等知名品牌也与流酷有深度合作。

作为名传无线旗下手机流量营销平台，流酷是怎样在这个风口飞起来的，陈志波进行了精彩解答：

第一，流酷是程序化购买平台。作为流量管理云平台，流酷可帮助企业计算流量购买、进行预算和效果监测，实现全智能化下单，企业通过流量营销活动，实现拉新留存转换，完成企业实效营销目标。

第二，流酷平台是一个强大的媒介联盟。从媒介的角度，传统投放广告基本是CPM、CPC，即按点击、按展示付费。但在流酷媒介联盟里，只要企业加入，无论任何媒介均按下载、注册收费，或用户消费后企业才需为此付费。目前在手机领域，名传无线已拥有目前中国最大按效果付费联盟，与数十家合作伙伴——商业Wi-Fi广告渠道、高铁Wi-Fi、上海铁路Wi-Fi、中山电信Wi-Fi、电信大数据精准投放等实现独家战略合作，并拥有32万个微信自媒体、27万个微博自媒体。

第三，流酷平台的优越性则是创意程序化。在传统语境里，企业如需在微信或App进行H5互动，会倾向于找广告公司做创意，然后进行压力测试，最后上线。但目前流酷平台颠覆了这一模式，将其模板化。在流酷的模式里，当企业想做一个流量活动的时候，只需登录流酷平台，在线免费创建H5模板，随后在线购买流量，选择发布媒介渠道，即可实现上线。现在流酷平台已经积累了30个行业，超过100个创意模板。

作为中国无线4A的领导者，名传无线一直致力于打造三大能力：程序化创意平台、程序化购买平台以及按效果付费的媒介联盟能力。

随后，广东营销学会会长杨洪加入讨论。杨洪认为：陈志波一直致力于在移动互联网营销领域打造无线4A公司，并用近9年时间将无线4A做好做透；对于流酷平台，从需求方的角度来说，营销策划人的确需要这样一个工具，在互联环境下进行创意展示，陈总这边很好地实现了，前途无量！

附件2：名传无线CEO陈志波在2016广东省广告协会年会上发表演讲

2016年1月15日下午，“团结·创新·共赢”——广东省广告协会第七届四次会员代表大会暨第22届广告优秀作品大赛颁奖盛典—互联网创新媒体论坛在广东省江门市举行。会议作为2016年广东省广告行业的开年盛会，会场座无虚席，人才济济。名传无线MTA数字集团创始人兼CEO陈志波和名传无线COO王若琳应邀出席。

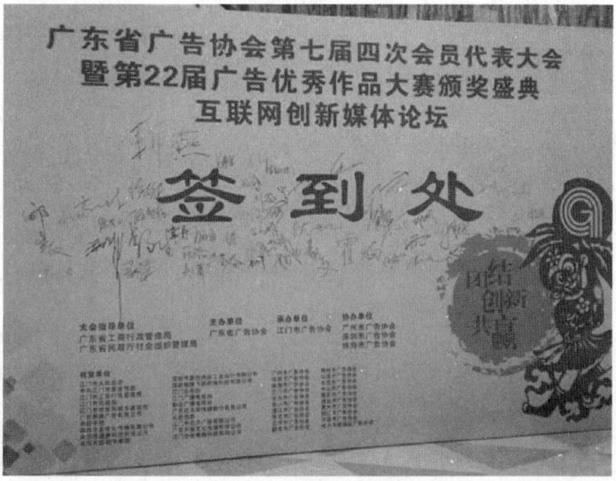

名传无线MTA数字集团创始人兼CEO陈志波

会议特别邀请了几位重量级嘉宾分享经验。广告学术研究期刊《广告研究》主编、北京大学传播学博士、硕士研究生导师沈虹女士受邀到场发言。另外中国电信21CN高级执行总经理唐乃革先生、珠海华发文化传播有限公司执行董事郭云飞先生、深圳市通普科技有限公司董事长庞桂伟先生、名传无线MTA数字集团创始人兼CEO陈志波先生、深圳市源创尚品工业设计有限公司廖天佑先生也发表了精彩有趣的演讲。

作为重要嘉宾之一，陈志波在现场分享了自己从事广告行业14年来关于广告行业、关于流量营销精彩的理解与洞察。

未来广告业的走向——无线4A

陈志波毕业于暨南大学数学系，有超过18年的IT和移动互联网从业经验，对广告和技术的跨界整合有独特的视角及见解。8年前陈志波和王若琳、朱家田投资创立了广州市单元信息科技有限公司（品牌：名传无线），致力于中国移动数字营销产业的研究与实践。目前名传无线在国内短信平台、流量营销、新媒体营销领域有着行业领先地位。

陈志波发表了《手机流量驱动数字营销创新》的主题演讲，从中国广告行业发展的历史到现状进行了深入的分析，对于未来广告业的走向，提出无线4A的概念，指出4A在移动互联网时代基于手机全媒介整合能力、4G+移动互联网时代的基础通信能力和大数据应用能力。

他带来了自创的一套Brian产业发展阶段理论“云—行—疯”，并且结合理论指出广告行业的未来将会出现在流量营销领域，因此他才会带领着自己的企业一把跳进去，去迎接这个风口。

年年都有风口，今年风吹到了流量营销领域

陈志波说，手机流量营销真正火起来也就在2015年上半年。而2015年上半年，手机支付、手机网购、手机旅行预订用户规模分别达到2.76亿、2.70亿和1.68亿，半年度增长率分别为26.9%、14.5%和25.0%，因此，C端用户有大量流量需求，这就给企业创造了营销机会通过活动满足用户需求，运营商作为流量提供商也加入流量活动中。

而运营商的流量活动通常为自有用户，具有局限性。所以给第三方流量营销平台提供了大量的土壤，第三方手机流量营销平台通过整合三大运营商流量，营销活动适用于所有用户，因此短短大半年在市场上已经有广泛的影响力。而名传无线流酷平台在陈志波的带领下恰恰就赶上了这一波风口，成为流量营销行业的弄潮儿。

名传无线的流酷流量平台是一个有着多年自身独特技术积淀+广告的无线4A企业基因而切入流量营销行业的企业，流酷流量平台核心包括三部分：流酷程序化创意平台、流酷程序化购买平台、流酷媒介联盟。三大核心部分三位一体，互为支撑，形成良好的产品结构，给流量营销提供了巨大的技术机会。

目前，流酷的品牌客户涵盖互联网的各个行业，如互联网金融、证券、游戏、农产品生态行业、电商，甚至政府职能推广，其中包括PPmoney、小牛在线等众多互联网金融企业，还有腾讯游戏、国美、自然享等知名品牌均与流酷有深度合作。

流量就是权力——手机流量驱动营销创新

流量营销不仅是广告行业的机会，更是企业颠覆行业的一次机会。

在任何时代下，谁能敏锐地把握最新潮的创新变革，谁就很有可能改变游戏规则甚至整个生态链。比如小米手机紧紧地抓住了“粉丝营销”这一个机会，成为“国民手机”的代表；而杜蕾斯则紧紧地抓住新浪微博风起的时机，成为“社会化营销”最大的赢家。可见，抓住新的营销创新变革，紧跟时代红利期，对企业对品牌的影响至关重要。

即将到来的2016年，谁能把握流量营销剩下的红利期，跃过龙门，遇风化龙呢？让我们擦亮眼睛，拭目以待。

14 道路决定命运，信念决定生死

名传无线是国内最早提出会员手机自媒体理念的数字营销企业，我们曾经创作了品牌长文案“道路决定命运”，我对此深有体会。选择比努力重要，什么样的道路决定什么样的结局，现在我们紧紧围绕手机流量构筑我们的商业模式，这是我们的道路。“道路决定命运，信念决定生死”，我深信不疑。

下面为“名传无线”品牌长文案正文：

习近平同志说：“道路决定命运。”

当今世界潮流瞬息万变，产业格局不断被改变，

移动互联网是近50年来世界技术发展史上的第5个新技术周期，

中国的手机人口已突破10亿！

移动互联网正带给中国历史上的第五次信息革命——世界触手可及的革命。

手机已成为超级媒体、万能终端，是名副其实的第一媒体。

手机媒体引发的产业革命正以星星之火可以燎原之势，席卷中国大地。

与此同时，移动互联网的行业先驱们也在探

索符合中国市场特点的商业模式。

雄关漫道真如铁，而今迈步从头越。

放眼当今中国的社会化媒体时代，已突显出多元、跨界、破碎和移动的特点。

大数据时代进一步推动了企业向精细化的数据库营销方向发展。

社会化媒体时代同时也带动了企业的社会化，社会化企业更加开放，体验经济的实质就是互动与分享。

社会化媒体时代的社会化企业明确地向我们传递一个强烈的信息：企业自媒体就是手机媒体！

手机流量营销不仅是一种崭新的无线营销模式，更是驱动数字营销创新的全新动力！

名传无线，中国手机流量营销领导者。

古往今来，跨界即是创造。

达芬奇，比艺术更懂科学，比科学更懂艺术。

达尔文，比过去更懂现在，比现在更懂未来。

爱因斯坦，比想象更懂知识，比知识更懂想象。

乔布斯，比技术更懂人性，比人性更懂技术。

名传无线，比技术更懂广告，比广告更懂技术。

我们坚信，手机流量营销正在开创一条全新的数字营销创新之路，

我们在路上，我们一直在路上，长风破浪会有时，直挂云帆济沧海。

道路决定命运，信念决定生死，

思路决定出路，格局决定结局。

手机流量营销，我们的道路。

比艺术更懂科学，比科学更懂艺术

达芬奇

Know more science than art, know more art than science.

比过去更懂现在，比现在更懂未来

达尔文

Know more present than past, know more future than present.

比想象更懂知识，比知识更懂想象

爱因斯坦

Know more knowledge than imagination, know more imagination than knowledge.

比技术更懂人性，比人性更懂技术

乔布斯

Know more human nature than technology, know more technology than human nature.

比技术更懂广告，比广告更懂技术

MCHUAN WIRELESS

名传无线

Know more advertising than technology, know more technology than advertising.

名传无线联合创始人
陈志波（中），王若琳（右），朱家田（左）

（一）互联网+VS+互联网

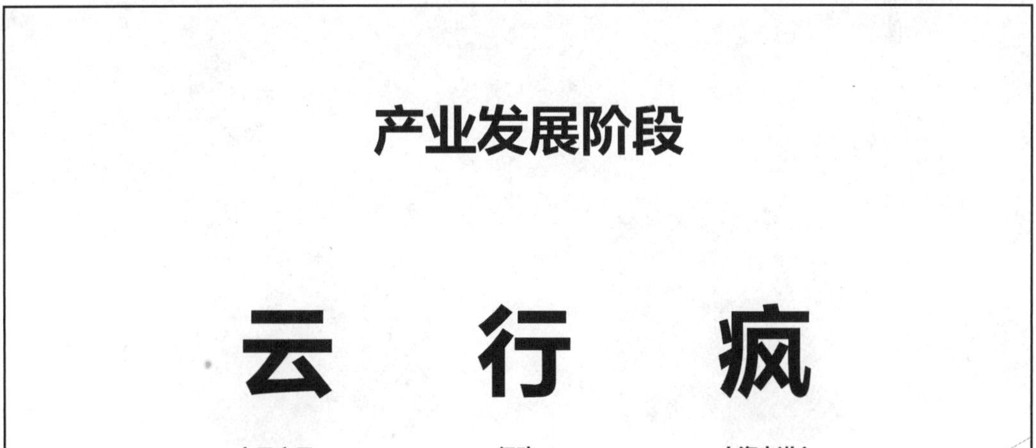

互联网+

- 逆袭创新
- 互联网企业主导融合进程
- +渠道、+大数据能力、+云计算、+互联网精神之下的商业模式

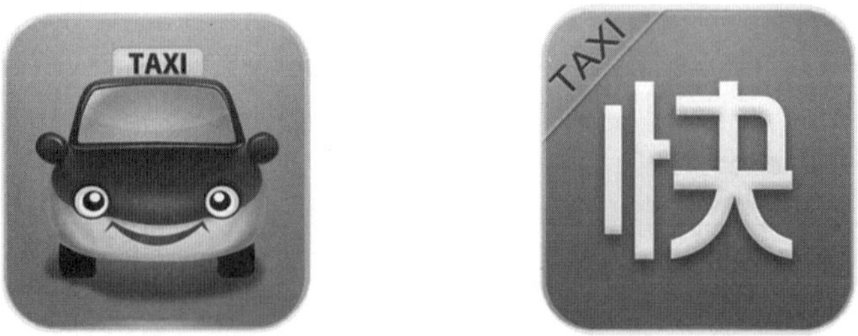

1 前向免费，或包月模式

2 对互联网企业接入侧提价，移动侧的流量费用由互联网服务提供企业付费

3 利用BAT等在内的互联网公司的竞争关系，通过流量资产等方式进行深度的战略合作

4 大众创业、万众创新的新形势，建立流量风险投资资金，通过以流量补贴等多种资源方式积极参股各类中小创新团队

+互联网

- 顺势创新
- 传统企业主导融合进程
- 存量优势、行业标准优势和公信力优势+利用互联网技术提高自身服务客户的能力

+ 互联网
商业模式创新

1. 供应链技术：做供应链的组织者和利益的分配者
2. 金融技术：从市场经济到资本经济
3. 信息技术：从ERP到Social ERP
4. 新媒体技术：营销的问题就是媒介的问题

日本快时尚设计师品牌
名创优品的主要商业模式是：用低毛利率商品，靠庞大的销售数量取胜；加盟。

1. 商品直采：一间名创优品店约有3000种商品，绝大部分从800多家中国工厂中直接订制采购，工厂几乎全部为外销企业，80%在珠三角和长三角。
2. 设计管控：名创优品控制了商品的设计核心力，除了食品，全部使用MINISO（名创优品）的品牌，由此掌握了商品的定价权。
3. 快速流转：一般百货店的商品流转时间为三到四个月，名创优品可以做到21天，叶国富投巨资开发了供应链管理体系，对所有商品的动销速度进行大数据管理，提高资金和销售的效率。
4. 带资加盟：实行投资加盟，由投资人租下并装修店铺，名创优品进行统一的配货销售管理，投资人参与营业额分成，由此大大提高了开店的速度。
5. 全球思维：全球输出日本设计，无缝对接全球采购战略，目前中国市场在售产品中有20%国外采购，与此同时店铺布局也逐步走向国际化，从东京、香港、新加坡和迪拜等开始辐射全球。
6. 粉丝运营：通过“扫描微信号即可免费赠送购物袋”的办法，快速积累粉丝，在短短一年多时间里，名创优品微信订阅号的用户超过800万，成为一个超级大号，从而为互动营销创造了可能性。

分利宝
fenlibao.com

P2B品牌连锁产业金融平台

由赛曼基金投资，致力于为消费者提供“安全、快捷、简单”的在线理财服务，分利宝通过与大型品牌连锁机构（如名创优品&Pelicana啤酒炸鸡）合作，实现品牌连锁业闭环资金管理，提供多种投资理财方式，灵活安全高收益！

天地壹号

传统：专注广东市场，天地壹号，壹号土猪

+互联网：壹号厨房

立足于传统业务，高度关注+互联网，偏好投资互联网项目

流量经营创新 = 运营商 + 互联网

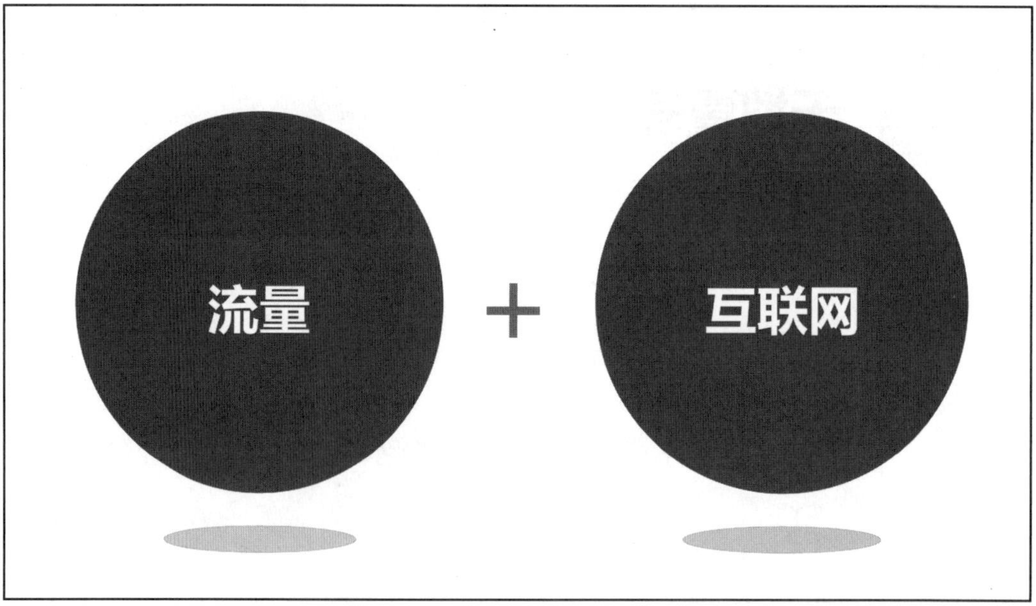
流量
+
互联网

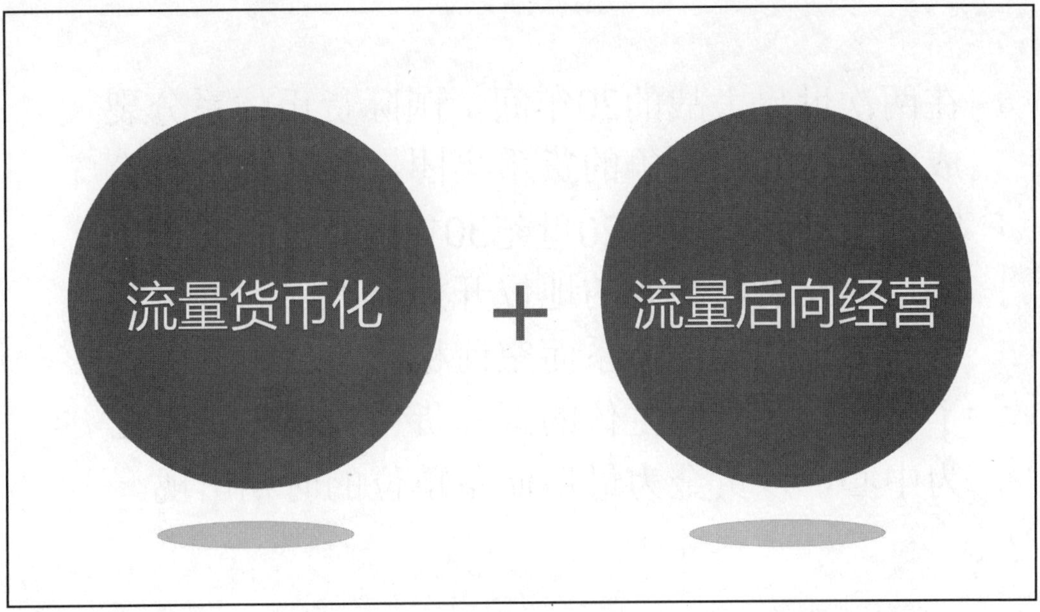
流量货币化
+
流量后向经营

流量货币化

在两次世界大战的20年间，国际货币体系分裂成为几个互相竞争的货币集团，各国货币纷纷贬值，动荡不定。20世纪30年代以后，美国经济迅速发展，美元的地位开始因美国的黄金储备和强大的经济体系而空前稳固。这样就出现了一个以美元为主体的国际货币体系。以美元为中心，以黄金为最后储备单位的时期出现。

互联网时代形成以积分（X币）为主体的互联网货币体系。以积分（X币）为中心，以流量为最后储备单位的时代出现。

流量可交易和**流量货币化**已经成为运营商流量经营创新的突破的**关键方向**

1. 商家可以向运营商购买流量
2. 通过活动的方式让用户完成任务以获得流量
3. 用户通过完成任务获得流量后，可以在平台将流量转换成牛币，通过牛币可以实现话费充值等优惠政策
4. 用户也可以将流量用于自己使用或赠送他人的用途上

流量银行

在流量银行可以免费得流量，并可给手机充流量、给朋友送流量、发流量红包等。在流量银行还可实时查询手机流量使用情况，妈妈再也不用担心我的流量了！

阿里巴巴

流量钱包，用户参与营销活动获得流量，流量可以储存在手机流量钱包中，获得的流量可以通过流量钱包提取到手机号码或者转赠给他人使用，实现了三网流量的流通。

中国移动

2014年把主要的精力都集中在了4G业务上。4G业务最直接的结果就是把流量资费打到了一个新低。如何提高用户的流量消耗水平，使得流量消耗的增长幅度高于流量资费价格下降的幅度

2014年有流量后向的产品，但在流量货币化的业务探索上，看似更加谨慎

天地壹号

专注广东市场，天地壹号，壹号土猪

+互联网：壹号厨房

立足于传统业务，高度关注+互联网，偏好投资互联网项目

（二）不确定时代的企业经营管理

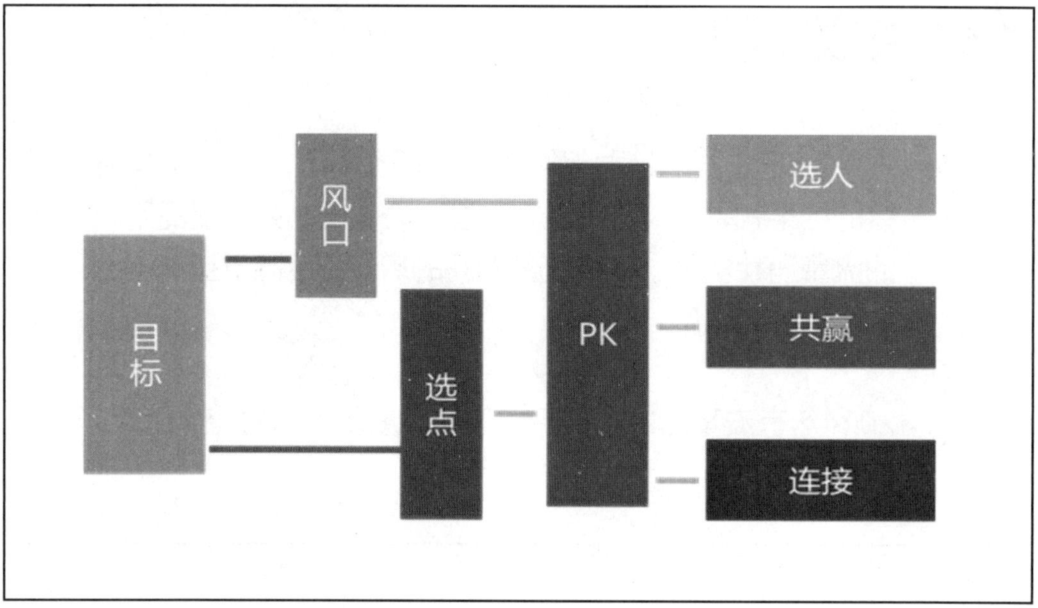

目标

2016年上市

风口

客户最需要的东西就叫风口

手机流量

选点

Hold得住的模式才是好模式

产品：短信+流量营销

平台：流酷

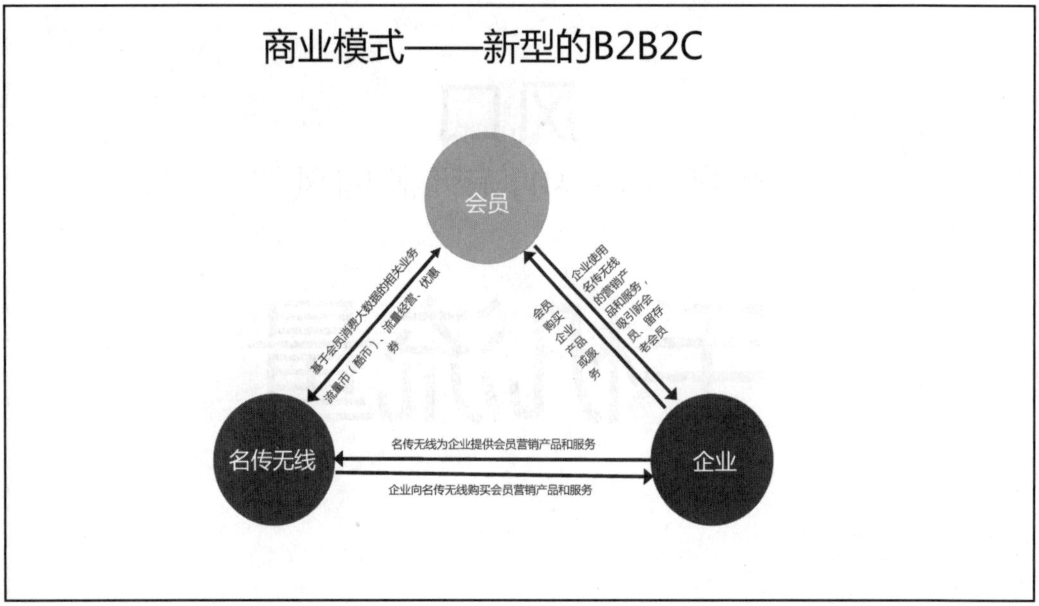
商业模式——新型的B2B2C
会员
基于会员消费大数据的相关业务流量币（酷币）、流量经营、优惠券
企业使用名传无线的营销产品和服务，吸引新会员、留存老会员
会员购买企业产品或服务
名传无线
企业
名传无线为企业提供会员营销产品和服务
企业向名传无线购买会员营销产品和服务

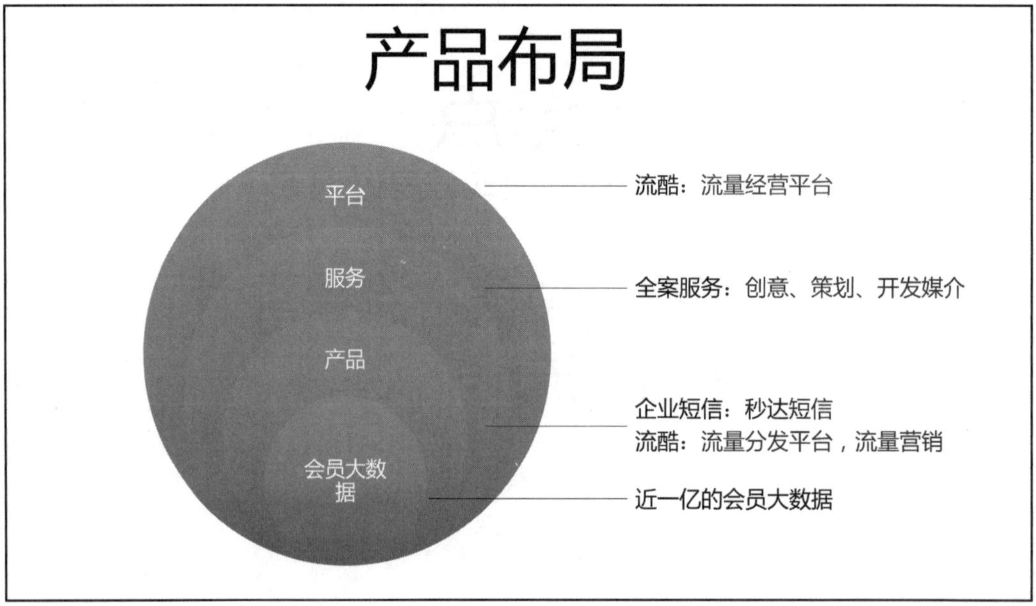
产品布局
平台
服务
产品
会员大数据
流酷：流量经营平台
全案服务：创意、策划、开发媒介
企业短信：秒达短信
流酷：流量分发平台，流量营销
近一亿的会员大数据

PK

用PK替代KPI

组织扁平化

项目小组制

选人

有心有力有未来

学习力 + 执行力

共赢

组织小微化
企业平台化

连接

连接比拥有更重要

整合＋整合＋整合

产品是入口
用户是资产
社群是商业模式

一罐一码

通过互联网扫描技术，客户可实现与会员相同的积分功能。

超级媒介：按快消口径统计，王老吉凉茶2014年销量达到200亿元，售卖出60亿罐王老吉。

超级入口、超级平台：以罐身条形码为入口，年60亿罐的消费流量为基础，基于互联网打造的互动和服务平台。

超级联盟：超级+平台上融合微信、支付宝、京东、苏宁、优酷等合作伙伴，为用户提供无限种增值服务。

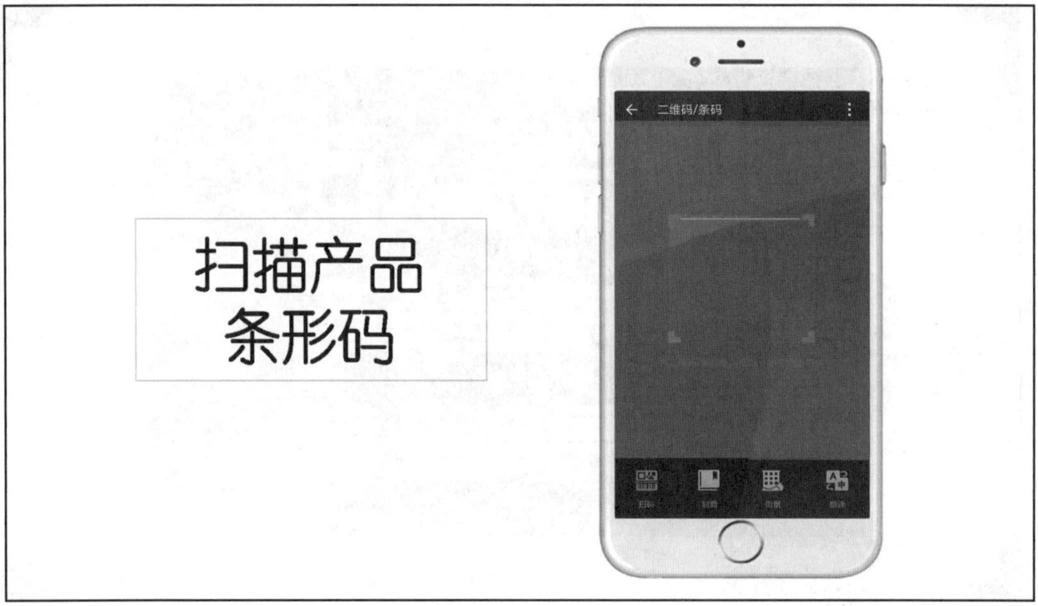
扫描产品
条形码
二维码/条码

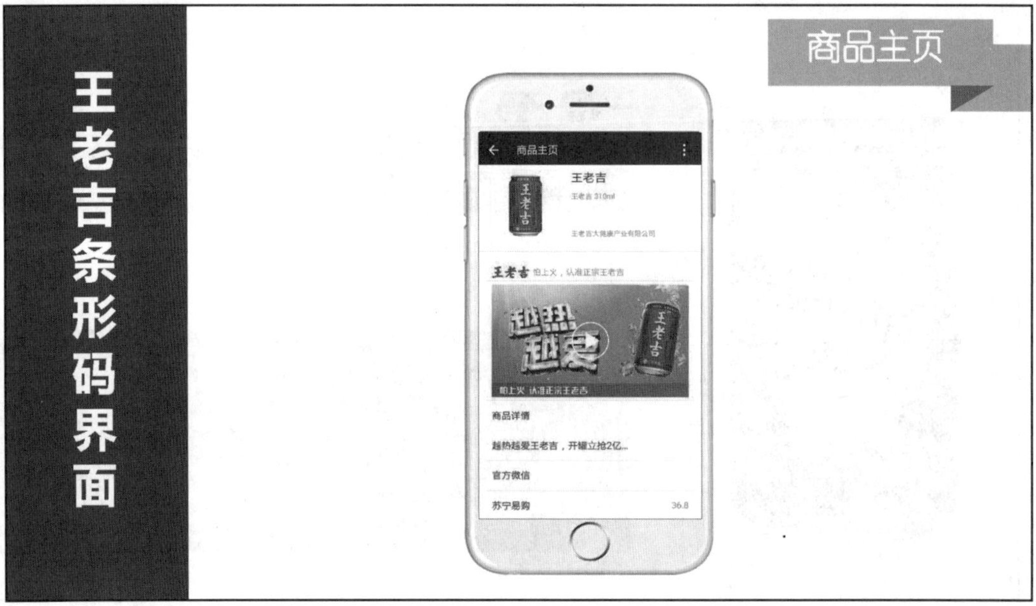
王老吉条形码界面
商品主页
商品主页
王老吉
商品详情
越热越爱王老吉，开罐立抢2亿...
官方微信
苏宁易购
36.8

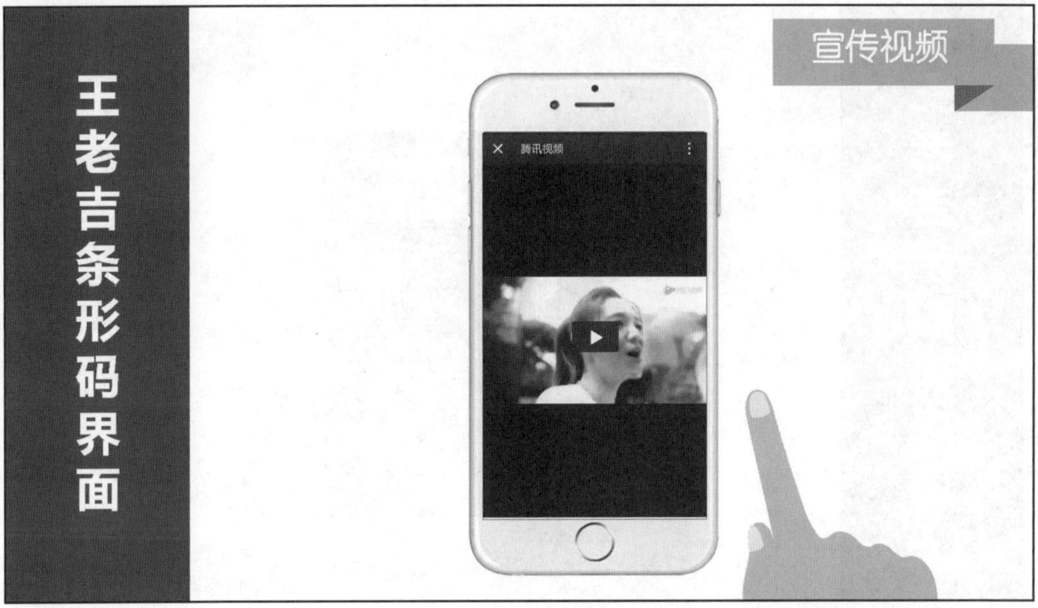
王老吉条形码界面
宣传视频
腾讯视频

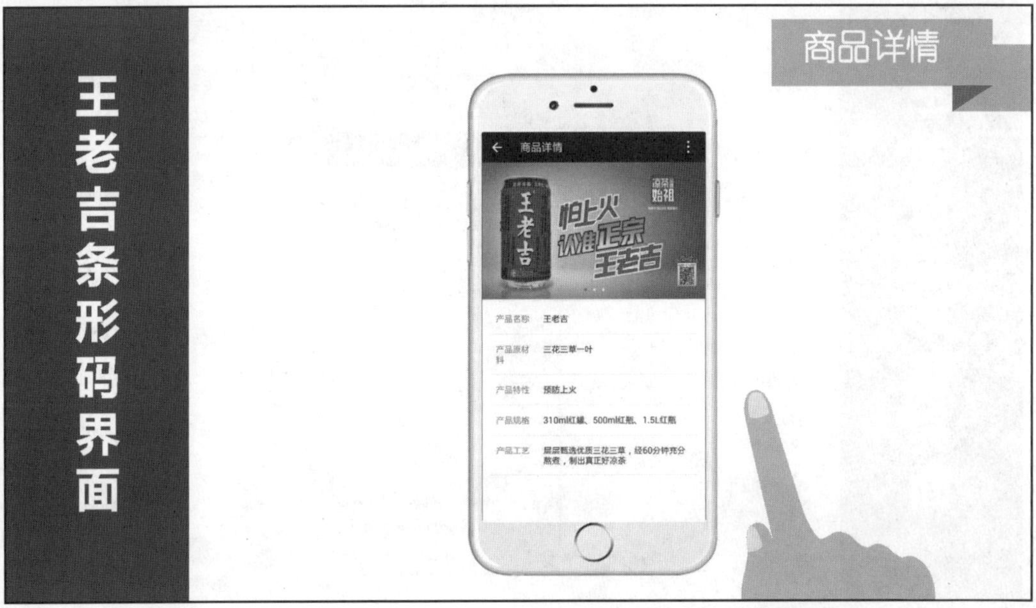
王老吉条形码界面
商品详情
商品详情
王老吉
凉茶始祖
怕上火
认准正宗
王老吉
产品名称 王老吉
产品原材料 三花三草一叶
产品特性 预防上火
产品规格 310ml红罐、500ml红瓶、1.5L红瓶
产品工艺 层层甄选优质三花三草，经60分钟充分熬煮，制出真正好凉茶

王老吉条形码界面
营销活动
王老吉
王老吉
活动规则
个人中心
这个夏天
越热越爱
输入拉环内兑换码
抽奖

王老吉条形码界面
官方微信
王老吉
感谢关注正宗王老吉！王老吉新春吉祥罐京东商城热销中，点击下方菜单即可进入购买页面。这个春节入手一套吉祥罐开启全年好意头，最潮、最萌、最有爱根本hold不住！
一罐态度
罐出好礼
3D博物馆

王老吉条形码界面

忠告

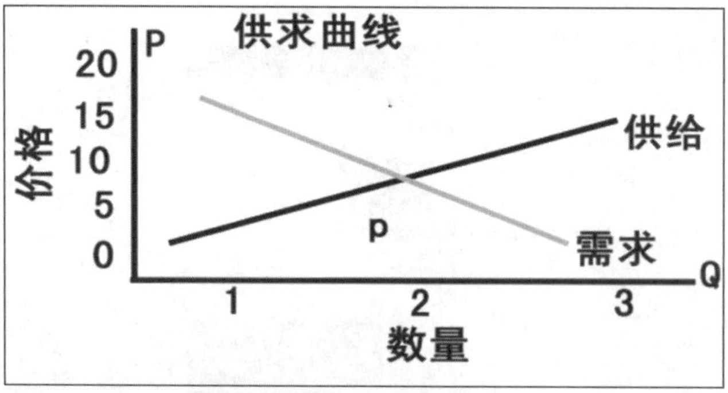

企业是否挣钱，不在于产业是高端还是低端，而取决于供求关系

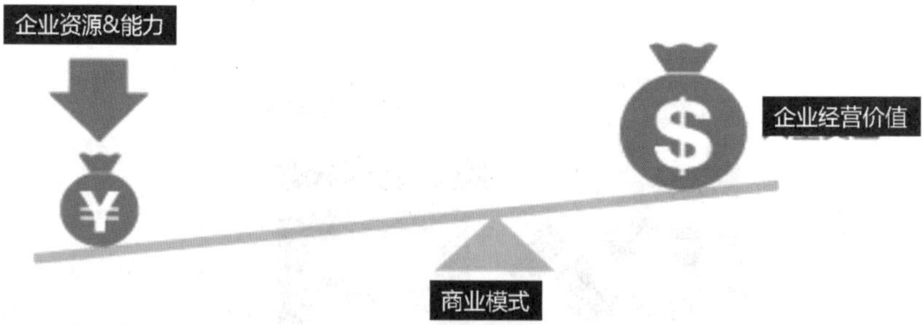

商业模式不是越新越好，Hold得住的模式才是好模式。专注一个细分领域，做透做强才是品牌发展之王道！

昨晚和某互联网金融平台的老总沟通，有不少感悟：

1. 企业的DNA没有好和不好，我就是我，要长期投入资源去坚持和沉淀!
2. 按照Brian的产业发展阶段三段论“云—行—疯”，互联网金融2.0已经进入“行”的阶段，P2P平台应回归诚信、自律、良性经营的商业价值观。
3. 不少平台用投行的标准去做项目配资，形成一道独特风景线。
4. 行业的高速发展带来的人才发展乱象在2.0阶段可能以另一种形式上演，但是出来混，迟早要还的规律不会变。
5. 商业模式没有好坏，Hold得住的商业模式才是好模式，平台应该从企业自身DNA出发，构建有自己独特标签的商业模式。
6. 在新经济时代，适当的情怀对一个创业团队是必须的，往往支持你坚持下去的是信仰，不是能力，也不是智慧。
7. 产品经理复合性人才在互联网金融同样是高度稀缺资源！
8. 个人借贷＋二级市场配资包＋高强度营销投入=高速增长模式将失效。

2015年7月1日于广州

15 流量就是权力

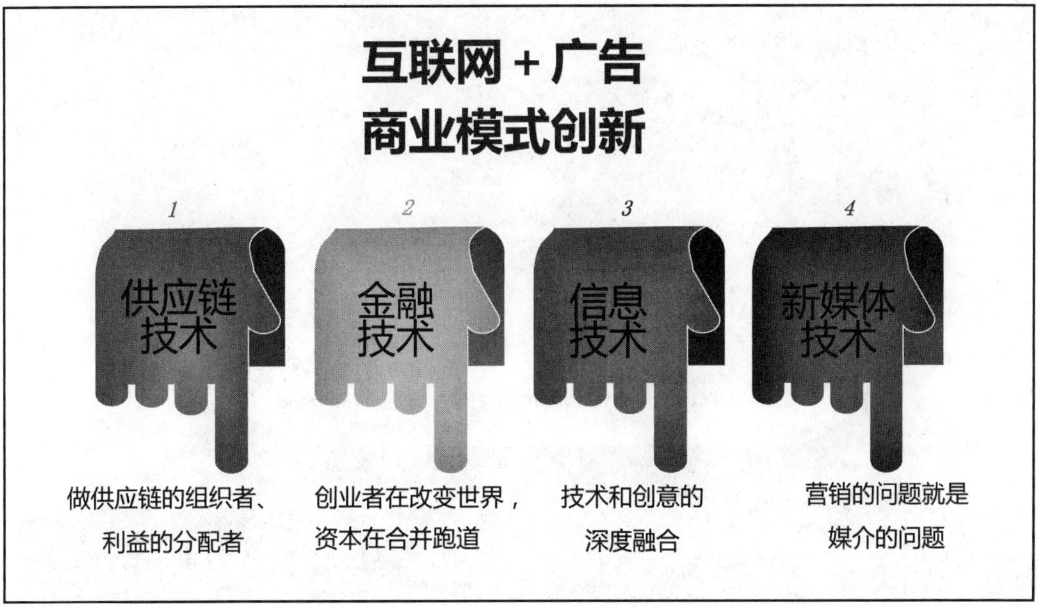
互联网＋广告
商业模式创新
1
供应链
技术
做供应链的组织者、
利益的分配者
2
金融
技术
创业者在改变世界，
资本在合并跑道
3
信息
技术
技术和创意的
深度融合
4
新媒体
技术
营销的问题就是
媒介的问题

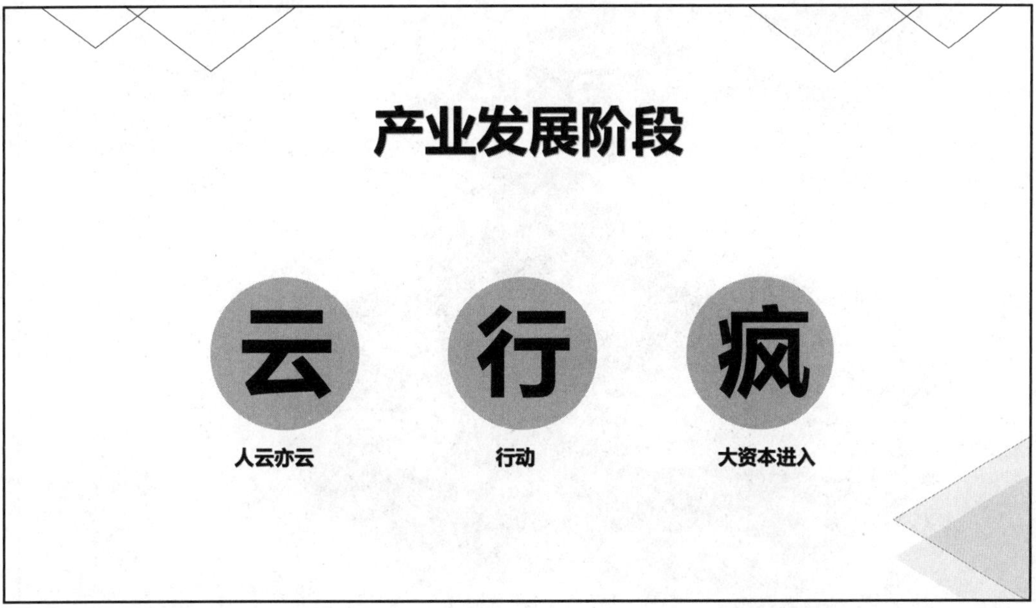
产业发展阶段
云
人云亦云
行
行动
疯
大资本进入

Content
B2B
2B2
B2B
Digital CRM
Ecommerce
Big Data
B2C
Social Media
SEM
Omni-channel opportunities
QR Code
Digital advertising
search engine optimization
Mobile Marketing
SEO
Digital ROI
Digital Marketing
Location-based Marketing
Cloud Computing
Cross-screen marketing
Real-Time Marketing
In-Game Advertisement
Context is Queen
无线4A是移动互联网时代基于手机全媒体的社群构建、精准投放、互动制作等服务的综合广告代理商，是互联网思维下传统广告手段在手机新媒体上的全面应用，要求比技术更懂广告，比广告更懂技术。
无线4A崛起

无线4A
道
术
势

O2O

线上和线下商业融合

实体店的变迁：旧思维没落，新思维崛起

互联网+之道

技术 + 广告 + 大数据

技术和广告的融合

广告业的变迁：旧思维没落，新思维崛起

无线4A之道

1 媒介　　2 通信　　3 大数据

无线4A之术

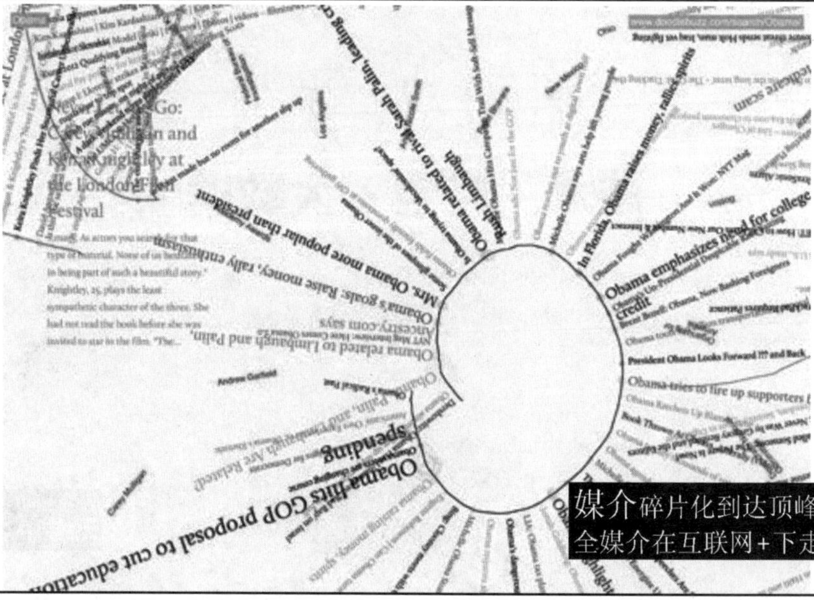

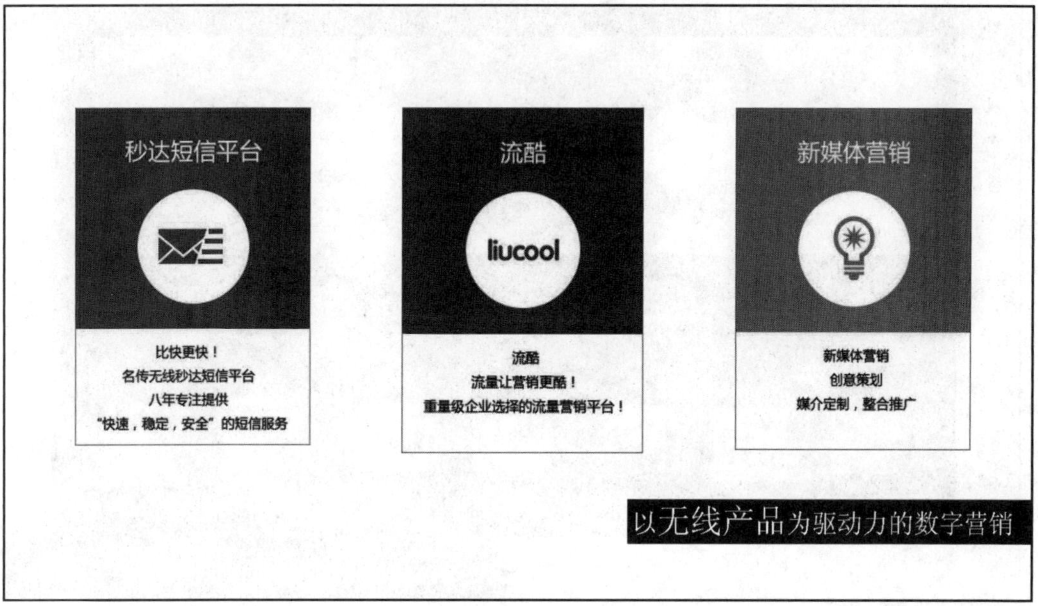
秒达短信平台
比快更快！
名传无线秒达短信平台
八年专注提供
"快速，稳定，安全"的短信服务
流酷
liucool
流酷
流量让营销更酷！
重量级企业选择的流量营销平台！
新媒体营销
新媒体营销
创意策划
媒介定制，整合推广
以无线产品为驱动力的数字营销

流量就是权力
流量货币化
互联网世界的通用货币
流量营销
广告主的产品推广
&
媒介的流量变现
的
驱动器

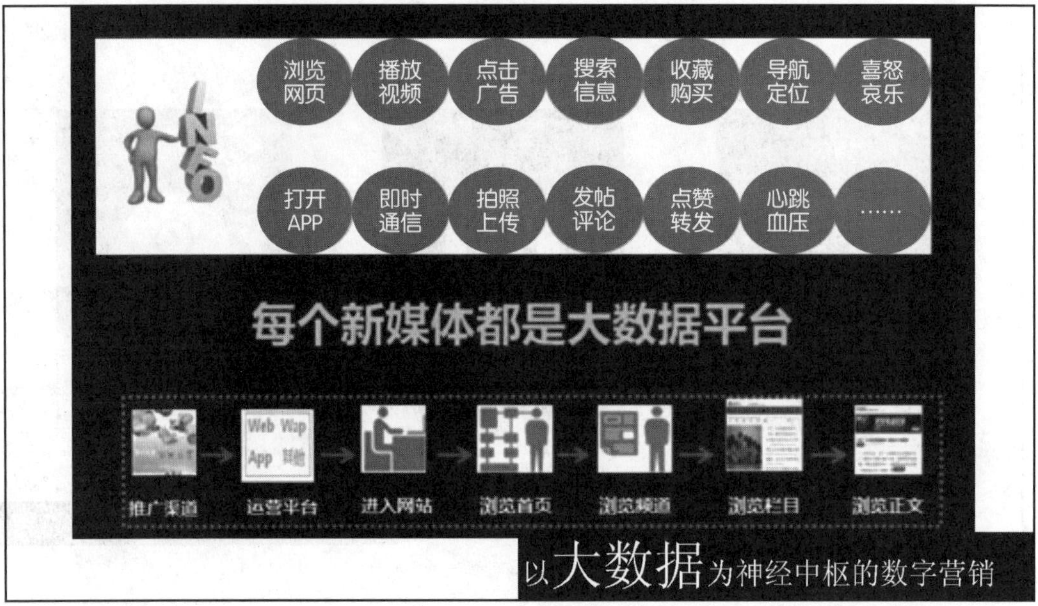
浏览网页
播放视频
点击广告
搜索信息
收藏购买
导航定位
喜怒哀乐
打开APP
即时通信
拍照上传
发帖评论
点赞转发
心跳血压
……
每个新媒体都是大数据平台
推广渠道
运营平台
进入网站
浏览首页
浏览频道
浏览栏目
浏览正文
以大数据为神经中枢的数字营销

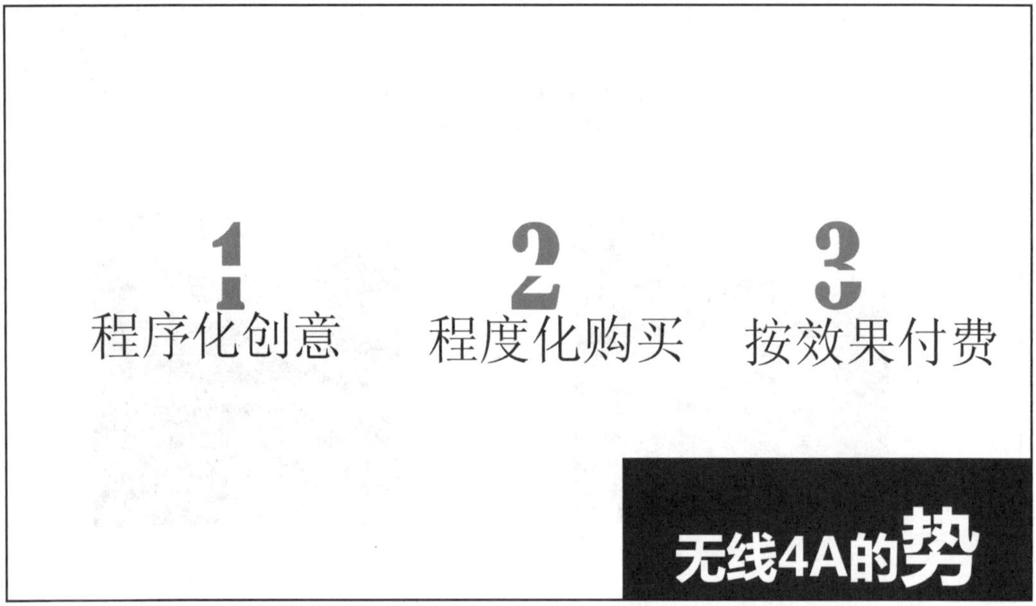
1
程序化创意
2
程度化购买
3
按效果付费
无线4A的势

程序化创意
让你的创意，满足每一个人
CREATIVE FOR EVERYONE
由数据和算法驱动，通过对广告创意内容进行智能制作和创意优化，从而整合互联网创意产业上下游的技术

程度化购买
中国移动互联网展示广告生态系统日渐完整
需求方 or 广告主
代理商
ATD
移动DSP
移动交易平台
移动广告网络
移动SSP
聚合平台
DMP
数据分析监测
应用分发市场
供给方 or APP开发者 or 媒体

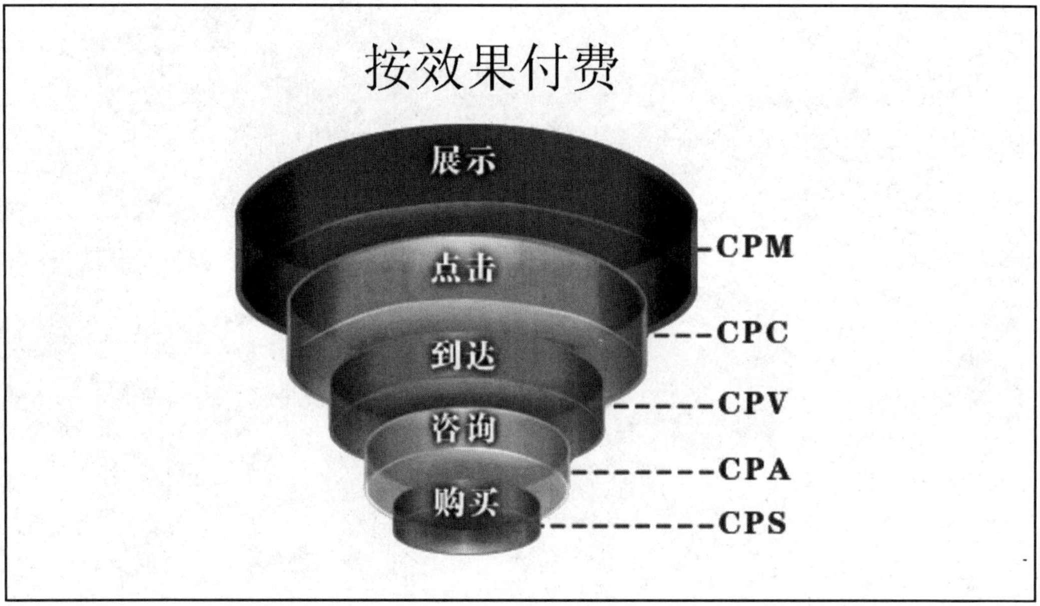

名传无线
中国无线4A的领导者

以无线产品为驱动力的移动数字营销机构

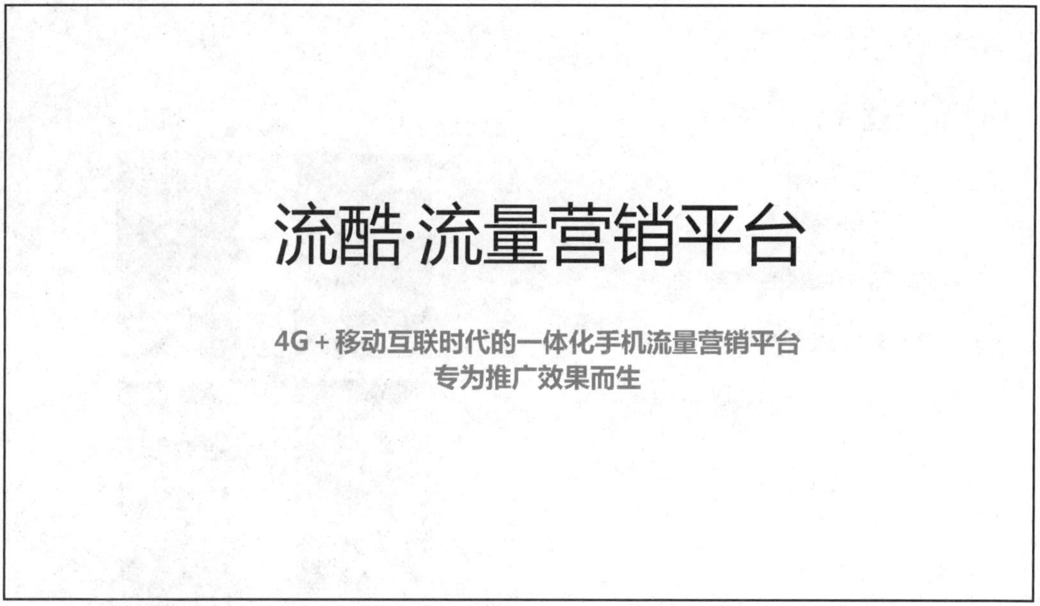
流酷·流量营销平台
4G + 移动互联时代的一体化手机流量营销平台
专为推广效果而生

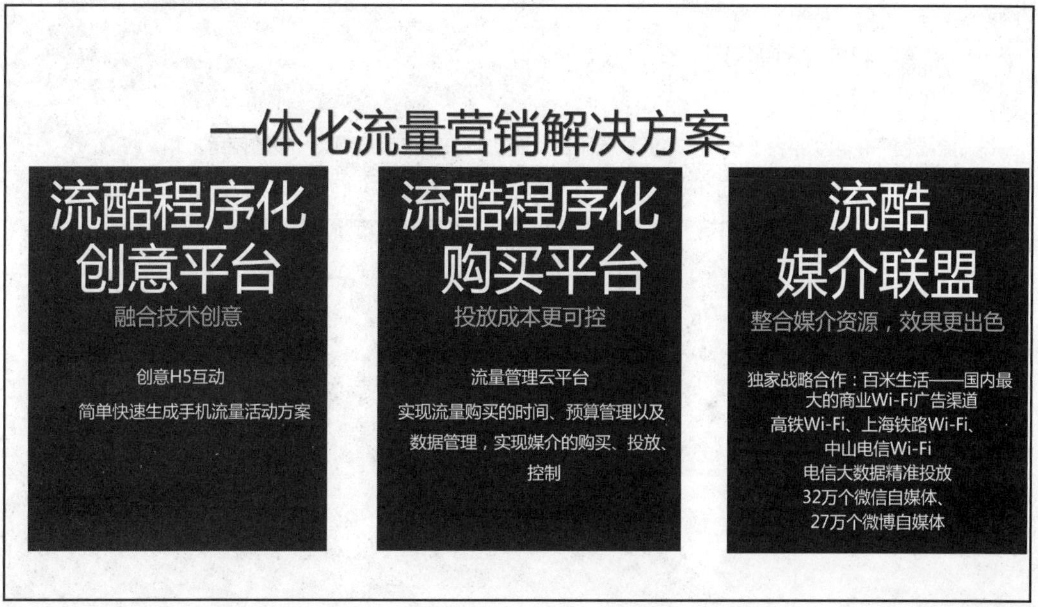
一体化流量营销解决方案
流酷程序化
创意平台
融合技术创意
创意H5互动
简单快速生成手机流量活动方案
流酷程序化
购买平台
投放成本更可控
流量管理云平台
实现流量购买的时间、预算管理以及数据管理，实现媒介的购买、投放、控制
流酷
媒介联盟
整合媒介资源，效果更出色
独家战略合作：百米生活——国内最大的商业Wi-Fi广告渠道
高铁Wi-Fi、上海铁路Wi-Fi、中山电信Wi-Fi
电信大数据精准投放
32万个微信自媒体、27万个微博自媒体

流酷程序化创意平台

»大量精美创意模板

»简单、轻松生成个性化活动页面

»创意H5 快速社交传播

»用**互动**与**流量奖励**触发用户行为

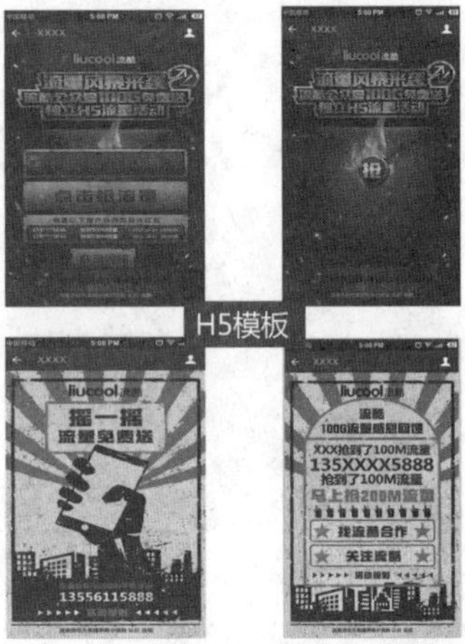

流酷程序化购买平台

流酷程序化购买平台，依托名传无线云平台，轻松解决客户流量购买、投放使用、查管控等一系列技术对接问题。通过云应用自动实时发放流量奖励。

8年	10000+	50%	30%
的技术沉淀	的客户选择	的互联网+客户	的APP客户

流酷媒介联盟

整合自媒体资源+按效果付费的媒介资源

✓国内最大的商业Wi-Fi媒介场景

✓国内最大的高铁平板+铁路Wi-Fi媒介

✓电信大数据精准媒介

✓运营商媒介资源包括App、公众平台等

✓4年新媒体数字营销经验，广点通、粉丝通择优深度合作

✓32万微信、微博自媒体择优合作

牵手“百米生活”全国独家战略合作商

深度+广度介入消费者移动互联网生活场景

手机流量是移动互联网营销下一个入口！

流量是 目前关注的 话题

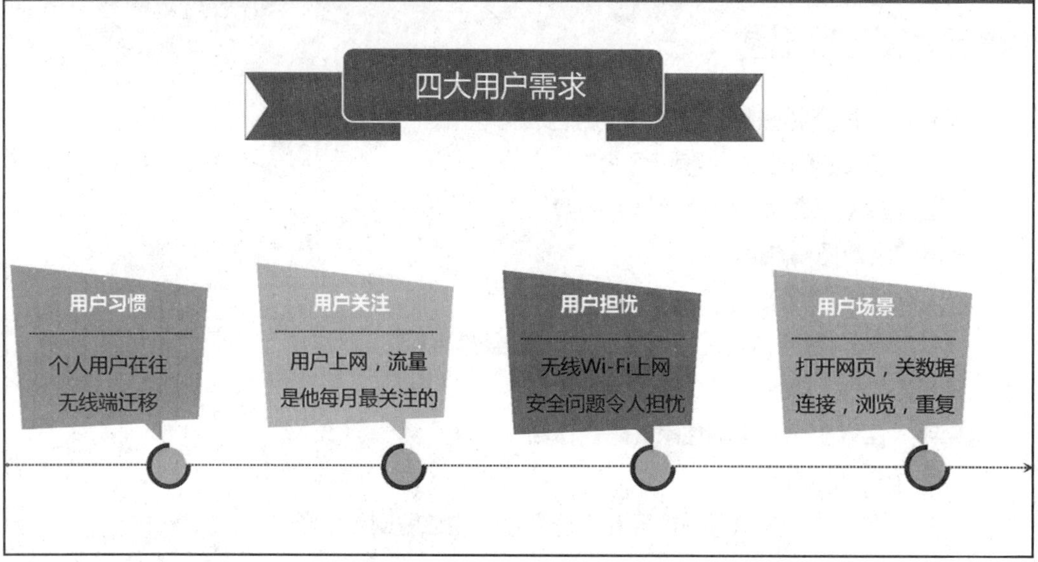

用户对于流量的使用分析

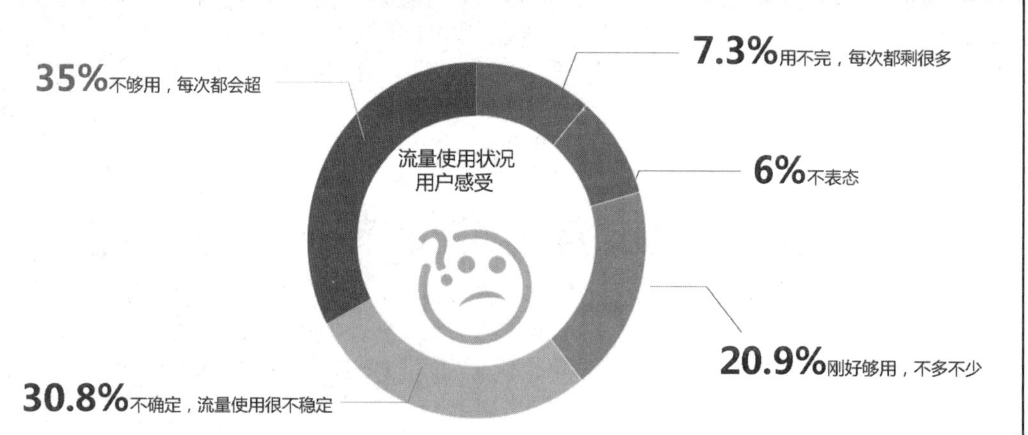

*数据来自《2015年中国手机流量使用报告（第一期）》

流量营销新潮流，正当其时

1 互联网公司都在玩，你还落后？

唯品会 vip.com 一家专门做特卖的网站
大众点评 dianping.com
UC浏览器
高德地图 amap.com
淘宝网 Taobao.com
滴滴打车

2 传统行业也在转型，你还在等？

线下推广 → 线上推广 — 新媒体营销

早在2013年底，阿里宣布使用淘宝、天猫等客户端即可申请免费流量包。流量营销已有苗头。

流量活动科普及分类

Q. 什么是流量活动？

A. 企业向运营商采购流量，赠送给个人客户，个人客户免费领取流量使用，由企业进行付费。

三大流量分类（移动/联通称为流量800，电信称为天翼800）

通用流量
不限定应用
（全国通用，移动称为流量自由充）

流量红包
省内使用的通用流量
（即出省后不能使用）

定向流量
个人客户访问指定App/网址/IP，所产生的流量由企业付费，个人免费

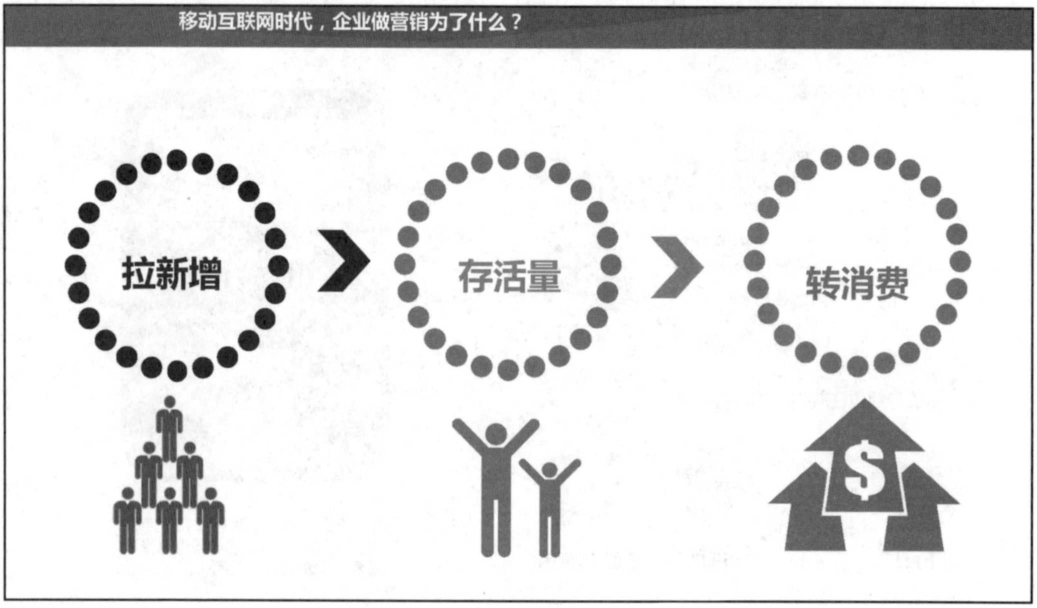
移动互联网时代，企业做营销为了什么？
拉新增
存活量
转消费
$

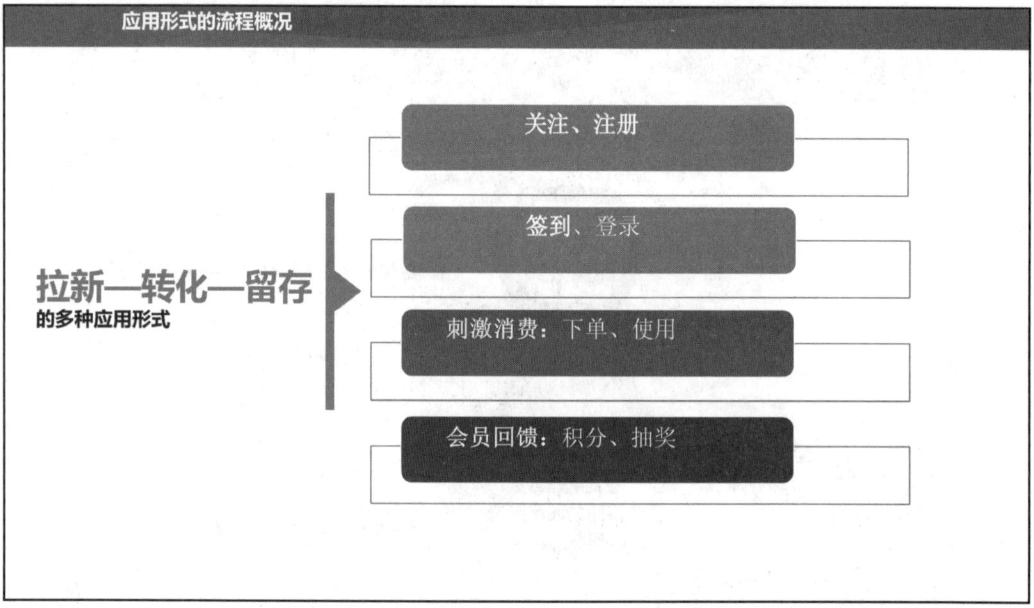
应用形式的流程概况
关注、注册
签到、登录
拉新—转化—留存
的多种应用形式
刺激消费：下单、使用
会员回馈：积分、抽奖

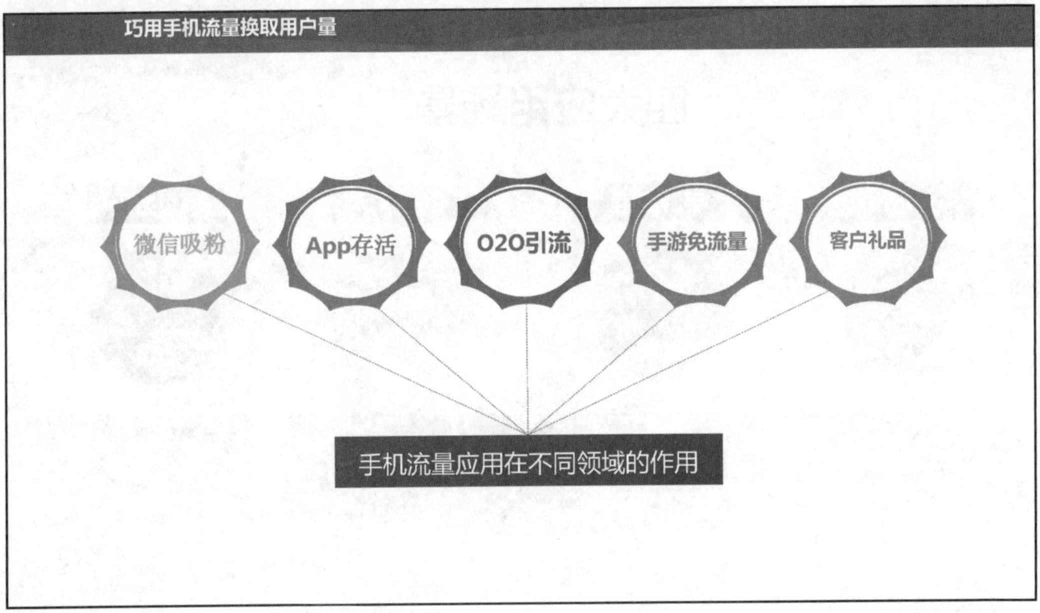
巧用手机流量换取用户量
微信吸粉
App存活
O2O引流
手游免流量
客户礼品
手机流量应用在不同领域的作用

主要服务行业
快消品行业
地产行业
汽车行业
互联网+
泛金融行业
□化妆品行业
□服装行业
□商超行业
□食品行业
□房地产推广
□物业服务
□新车推广
□回店包养
□客户引流
□互联网金融
□互联网教育
□互联网旅游
□互联网租车
□证券业
□保险行业
□银行行业
□基金

“流酷”应用在哪里？
四大应用场景
App应用
手游应用
微信应用
网页应用
推荐好友使用APP，赠送流量
游戏充值冲关，奖励流量礼包
用户参与营销活动，流量赠送
免费流量包刺激用户下载使用

流酷·合作案例
■广州证券
■平安证券
■小牛在线
■腾讯游戏
■自然享
广州证券
GUANGZHOU SECURITIES
平安证券
PINGAN SECURITIES
国美电器
BIOSTIME
合生元
小牛在线
xiaoniu88.com
PPmoney
腾讯游戏
Tencent Games
自然享
壹宝贷
EBAODAI.COM

手游行业案例：
下载手游App，填资料送千万流量
腾讯游戏 Tencent Games
liucool 流酷
下载《王者荣耀》领取千万流量
全世界撸友手机开团
千万流量大赠送
http://wx.vipboxi.com
进入H5页面
>> 浏览器下载游戏App
>> 填写个人信息并登记
>> 系统识别分发流量
流量成为手游用户的刚需，影响着用户的游戏体验！

腾讯游戏 Tencent Games
liucool 流酷
王者荣耀
全世界撸友
手机开团
全球首款5V5英雄公平对战手游
千万流量大赠送
流量成为手游爱好者的刚需
玩游戏并不一定在Wi-Fi状态下
手游行业进步意味着读取数据的增多
流量对于游戏体验的影响十分重要（如4G）
手游玩家对于衍生的流量使用更加迫切（如攻略网站、贴吧、游戏社区）
扫一扫
体验流程更实在
5v5
下载《王者荣耀》
领取千万流量
安卓下载送流量
*若您在微信中打开本页
请点击右上角"在浏览器中打开"后下载

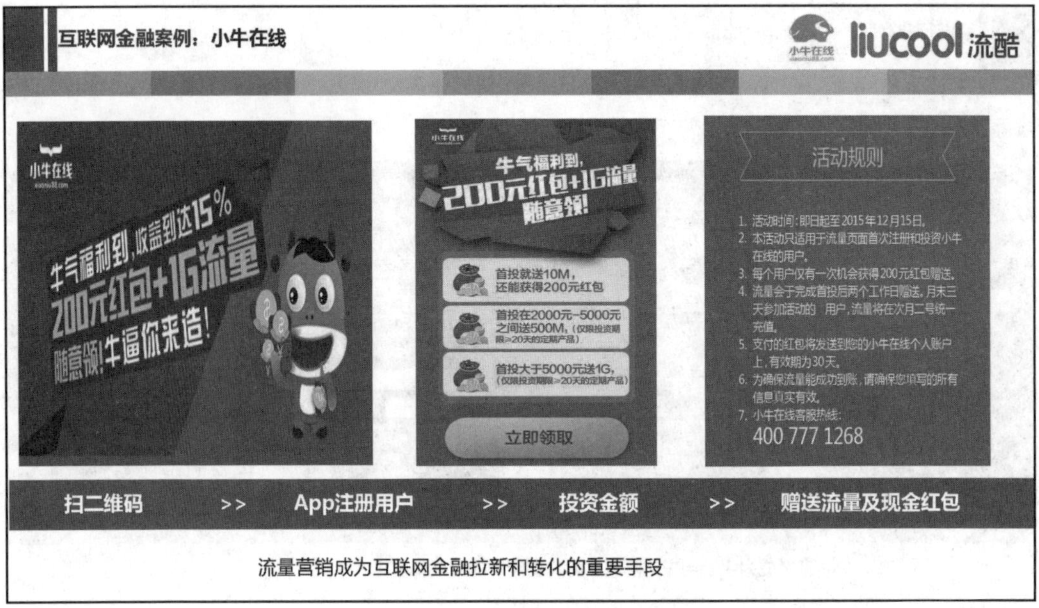
互联网金融案例：小牛在线
liucool流酷
牛气福利到，收益到达15%
200元红包+1G流量
随意领！牛逼你来造！
牛气福利到，
200元红包+1G流量
随意领！
首投就送10M，
还能获得200元红包
首投在2000元~5000元
之间送500M，（仅限投资期限≥20天的定期产品）
首投大于5000元送1G，
（仅限投资期限≥20天的定期产品）
立即领取
活动规则
1. 活动时间：即日起至2015年12月15日。
2. 本活动只适用于流量页面首次注册和投资小牛在线的用户。
3. 每个用户仅有一次机会获得200元红包赠送。
4. 流量会于完成首投后两个工作日赠送，月末三天参加活动的 用户，流量将在次月二号统一充值。
5. 支付的红包将发送到您的小牛在线个人账户上，有效期为30天。
6. 为确保流量能成功到账，请确保您填写的所有信息真实有效。
7. 小牛在线客服热线：
400 777 1268
扫二维码 >> App注册用户 >> 投资金额 >> 赠送流量及现金红包
流量营销成为互联网金融拉新和转化的重要手段

互联网金融案例：壹宝贷
liucool流酷
广州移动频道
壹宝贷注册就送
3000元理财券
1G流量
优惠活动
流量争锋榜
流量讲堂
号码百事通-114 free...
智慧景区
微信智慧景区解决方案
一、微信购票自助入园方案
微信支付购票
公交候车亭
眼睛散光的症状
广州移动App首页banner
广州移动App看有惠专区
中山114Wi-Fi媒介投放
如影随行banner条

名传无线
（MTA数字集团）
期待与您携手！
中国移动通信 CHINA MOBILE
腾讯游戏 Tencent Games
国美电器
中山大學 SUN YAT-SEN UNIVERSITY
China unicom中国联通
BIOSTIME 合生元
PPmoney
中国电信 CHINA TELECOM
小牛在线 xiaoniu88.com
Bai du 百度
EBAODAI.COM

第二篇

手机媒体是基础，流量营销是趋势

1996年秋天，北京白石桥路口竖起了一块巨大的牌子，上面写着："中国人离信息高速公路还有多远？向北1500米。"这响亮的1500米成了中国信息高速公路的标志性开端。10多年过去了，当今天我们再重新思考"中国人离信息高速公路还有多远"时，答案是："10厘米。"人们只要随时随地轻轻一按手机上网，就与天下互联了！移动互联网正迅速推进人类迈向网络空间。

21世纪的营销是数据库营销。如果企业没有得到它相应的终端详细数据，就无法去关怀客户，更无法做好营销。世界营销发展的历程可以用六个字来概括："被动""主动"和"互动"。世界媒体的发展历程也可以用六个字来概括："大众""分众"和"个众"。

无线营销（Wireless Marketing）是指利用以手机为主要传播平台的移动媒体，直接向各种目标受众定向和精确地传递个性化即时信息，通过与消费者的信息互动达到市场沟通的目标。无线营销也称为手机互动营销或移动营销（Mobile Marketing）。手机流量营销就是无线营销的一个表现形式，在无线营销的应用过程中，通过特定的应用场景把流量植入所传递的信息当中，吸引目标消费者参与互动，从而达到精准营销的效果。

01 移动互联网是第五个新技术周期

移动信息所带来的前所未有的变革，正在深刻改变着我们的生活。据工信部数据，到2012年6月底，中国整个互联网的用户比15年前增加了867倍，已经达到5.38亿。与此同时，中国手机网民3.88亿，手机首次成为上网的第一终端。今天，以手机为代表终端的移动互联网，正在引领着世界文明史上的第五次信息革命，“世界触手可及”的革命。

美国摩根斯坦利发布的移动互联网报告指出：移动互联网周期是50年来的第五个新技术周期。每个周期的赢家通常都会创造比之前更多的市值。新的赢家将浮现，一些公司将生存或繁荣，而很多此前的胜利者将会消亡。在中国，移动互联网市场未来的增长势头要超过桌面互联网市场，其增长速度将超过大多数人想象的程度。中国已在2012年迎来第十亿个手机用户！移动互联网的发展速度快于桌面互联网，手机上网用户正在超过PC上网用户。

财富的创造和消亡是新的计算产品发展周期的实质。新技术周期将带来巨大的财富。移动互联网周期刚刚开始，这是过去半个世纪的第五个新技术周期。一个技术周期通常会持续十年时间。我们是在两年前进入移动互联网周期的。现在已经进入移动互联网周期的早期阶段，这是过去的50年来的第5个发展周期。

过去50年的5次新技术周期分别为：20世纪60年代的第一代主机计算、70年代的微型计算、80年代的个人计算、90年代的桌面网络计算以及近十年的移动互联网计算。新计算周期的特征包括：提升处理能力，降低使用摩擦；用户界面改进；更小的外型尺寸；更低的价格；扩展服务。网络，基于互联网的产品和服务正在扩大，手机使用量不断扩大也拓展了市场机遇。在移动互联网这一周期，其趋势是：手机会成为个人电脑，个人电脑会成为服务器，云计算会取代服务器。

02 移动互联网周期能够创造和毁灭更多的财富

我们正经历一个巨大的变革时代。我们见证了微软超越IBM、谷歌超越微软和雅虎，Facebook超越Myspace，苹果超越诺基亚，IBM反超微软。谷歌的董事长埃里克·施密特（Eric Schmidt）提出，谷歌、苹果、亚马逊和Facebook已经取代20世纪90年代的微软、思科、英特尔和戴尔，成为新一代的技术和创新驱动四旗手。乔布斯引领了智能手机的时代，iPhone、iPad风靡全球，苹果公司市值已经超过谷歌和微软的市值总和。

历史证明，大规模的技术革新将改变行业发展，从而产生赢家和输家。一些行业领导者，包括苹果、谷歌、亚马逊和Skype已经准备好应对移动互联网带来的改变。按照既往的经验，移动互联网带来的影响将远远超过桌面互联网、个人电脑、微机和大型机。移动互联网相对此前的计算机行业周期能够创造和毁灭更多的财富。这主要基于10倍的用户乘积效应，即从一个周期到下一个周期，用户数和设备数量将增加10倍。考虑到变革的速度，在5年时间内，将有更多用户通过移动设备，而不是桌面电脑连接到互联网。过去15年中，随着全球桌面互联网以及语音和文字移动通信市场的发展，科技公司创造的财富超过了电信和媒体公司。而随着移动互联网的发展，这类科技公司的规模也将被新公司超过。那些能推动创新、扩大规模的公司将获得新增利润中的很大一部分。随着移动互联网成为主流，电信市场的价值将逐渐流向在线商务、付费服务和广告公司。公司实力和盈利能力的平衡将从运营商和基础设施及设备制造商向软件和服务提供商倾斜。

03 中国未来10年的关键词：Social（社交）、Local（本地化）和Mobile（移动）

新生代市场监测机构副总经理肖明超先生在其微博上写道："下一个中国10年的消费逻辑重构：第一，越来越多的社会化消费者参与品牌的创造与定义；第二，快时尚席卷中国的梯度社会；第三，消费者兴趣图谱带来无限商机；第四，应用与娱乐重新定义时尚科技产品；第五，电商社会重构零售的销售渠道与服务；第六，PC、平板、手机等多屏时代彻底改变消费者媒体习惯。"

未来黄金10年，是泛IT化的数字社会时代。如果每天你有很多时间接触媒体，你该如何花费时间？2012年2月，国内著名研究机构艾瑞公布其对网民接触手机媒体和移动设备情况的问卷调研，结果显示手机新媒体备受网民青睐，在一天中8点至22点时段内每小时覆盖的网民人数平均超过5000万。

美国著名风投KPCB风险投资公司合伙人约翰·杜尔将Social（社交）、Local（本地化）和Mobile（移动）三个最热的关键词组合到一起，社交代表网络化，本地化代表商家，移动代表利用手机互动。此趋势将更个性化、人性化和生活化。社交网络已经席卷全球，全球有超过10亿用户在使用以Facebook、推特（Twitter）为代表的社交网络。中国的社交网络也出现井喷现象，新浪微博在推出两年内用户迅猛突破2亿，成为中国最具影响力的SNS2.0平台。现在人们越来越倾向于通过网络获取信息，对网络的信任度也在增强，而且很多人开始通过手机去接触社交媒体，这一比例正在以非常快的速度提升，未来人们差不多有一半时间会通过手机去接触社交媒体，这是一个大趋势。“社交加本地化加移动（SoLoMo）代表着未来互联网趋势。”新浪CEO曹国伟的话逐渐得到证实，微博也正符合了互联网SoLoMo的发展趋势。

在SoLoMo模式中，Local是要跟商家打交道，Mobile需要新的技术，Social是深入人和人社交属性的能力，努力完善消费者的体验，结合地理位置为消费者推送更多更好的个性化定制服务将是众多中国企业接下来努力的方向。

移动互联网将会成为中国企业未来重点发展方向，可预见的是企业将投入巨额资金全面布局手机客户端，有眼光的企业家们已认识到：基于地理位置的信息将会成为移动互联网未来重要的应用之一，一个具备了SoLoMo功能的城市生活消费信息服务平台，将成为移动互联网应用中新的创新点。

04 SoLoMo将进一步推动O2O模式

团购网站的兴起，使电子商务出现了全新的O2O模式。O2O即Online To Offline，线上到线下，也即将线下商务的机会与互联网结合在一起，让互联网成为线下交易的前台。这样线下服务就可以在线上来揽客，消费者可以在线上来筛选服务，也可以在线成交、结算，很快达到规模。这是继电子商务的B2C、B2B和C2C之后一种最新的商业模式。团购是最明显的O2O形式，在微博上流行的“约架”则是网络社会应用的O2O模式，线上开骂，线下肉搏。

大众点评网创始人兼CEO张涛接受采访时说：“我预计在三年后移动端将对O2O领域产生巨大推动力。”张涛坦言，未来O2O的发展离不开移动互联网，未来两年内移动端客户量将成倍增长。“在我看来，移动对于O2O领域的重要性就相当于物流对电商的分量，……电商和O2O都是连接‘买卖’双方，电商等于零售结合物流，帮用户把商品搬到家里，而O2O则是服务加移动，把互联网带到实体店里。……毫无疑问，未来两到三年移动互联网在O2O方面会有大发展。”

网上购物是把商品塞到箱子里送到消费者面前，这已很成熟，但是像酒吧、KTV、餐馆、加油站、理发店、健身房、干洗店等，不能把它的服务塞进箱子里送到消费者面前，而必须到线下实地去享受服务。O2O实现的是在网上订购这些服务，在线下去消费。“服务”成了实实在在的商品，这些服务大多数是基于“本地的”（Local）。2011年中国的电商网络营销出现明显的变化趋势：搜索引擎精细化发展；微博发力微营销；视频网站营销大战不断升级；口碑营销泛滥；社会化媒体营销突起；品牌网络整合营销常态化；社会化电子商务成为标配；垂直行业化网站不断细分；本地的、区域性化网站涌现；智能手机带动的移动互联网热潮。这些趋势在O2O模式中得以体现，O2O是非常强调线下体验的经营模式，其基因里面就有着强列的SoLoMo特质，与手机的结合将使O2O模式释放出巨大的能量！

中国未来10年面对的是：城市化、品牌化、升级化。互联网高度成熟发展，移动互联网高速超常发展。中国相类似的公司想要长足发展，仍须大力开拓城市生活消费信息服务领域，并搭建一个将消费者和商户连接在一起，并具有足够用户黏性的平台。而这一过程并非一蹴而就，这对运营者的能力、经验、智慧和耐心都是极大考验。新兴市场存在众多很有吸引力的机会。SoLoMo本身带来一个巨大的机会，因为它一方面可以帮助用户找到离他地理位置最近的地方，另一方面可以帮助服务商，也就是酒店、餐馆、电影院把附近有时间或者有需要的人找来。李开复说："我认为SoLoMo是创业者未来最好的机会，虽然SoLoMo的概念是美国人提出的，但是最适合中国。"

05 手机拉动的"无聊经济"：超级媒体、万能终端

虽然手机可能成为"未定型"的喻体，"手机形态的不断变迁、功能的不断翻新，及随之而来的产业形态、产业链、生态链的不断颠覆和重新定义，更充分地展示未定型时代的基本特征"。但是，在商业管理应用上看，手机的本性万变不离其宗，那就是手机是有生命的、高度复杂的超级媒体、万能终端！移动互联时代的高速发展，已使手机钱包的"未来支付"成为现实，比如二维码支付、摇一摇转账、短信支付、语音支付、图像识别支付等。手机使"人就是媒体"，它将会是人体的第六个器官，五脏六腑会变成六脏六腑（比手机控更甚！）。手机就是人，人就是手机，如果离开人，手机就没有生命。在中国，等公交车、坐地铁的时间里掏出手机看一段优酷视频或者读一段网络小说已经是再正常不过的事。调查显示，消费在手机、电视、电脑三大媒介上的时间分配区隔明显，手机上

网充分整合了消费者碎片化的时间。

手机媒体正是对“碎片化时间”的充分应用，孕育了强大的“无聊经济”。“媒介的碎片化”就是指“时间的破碎化”和“空间的破碎化”。在商业领域中的解读就是这种媒介现状所催生的“无聊经济”，所谓“无聊经济”就是如何利用人们的“碎片化时间”开展形形色色的娱乐、休闲、消费等商业活动，人们在各类场合打开手机进行游戏、阅读、拍照、听音乐、搜索、购物等活动，众多的消费者正是在行色匆匆、百无聊赖之中，在这些不起眼的零碎时间里利用手机完成消费活动，如中国移动的彩铃在2010年销售达230亿元人民币，手机游戏、手机阅读、手机支付等基于手机的利用零零碎碎的时间开展的各种无线业务撑起一个个巨大的产业链，对唱片、出版、银行等传统产业造成巨大冲击。

“人就是媒体”意味着什么？从商业应用的传播角度看，人性有弱点，爱占小便宜，对促销打折信息极其敏感，人性的弱点刚好是手机媒体的优点！所以“人就是媒体”直接催生了“促销经济”，以网络新媒体所代表的新经济通过“碎片化时间”推动了“无聊经济”，人与媒体的融合，即手机媒体则推动了“促销经济”的繁荣，反过来，“无聊经济”和“促销经济”又重新塑造了传统媒介生态，手机新媒体正发挥着塑造和控制的作用。

06 手机，从第五媒体到第一媒体

经过几年的实践，人们已经体验到手机媒体的几个第一：屏幕第一小，突发信息传播第一快，终端数量第一多，影响力第一广，受众人群第一大。手机互动营销的出现，正全面推进营销数据化的发展，数据库营销在手机媒体上得到了全方位的展现。手机作为重要的信息载体，正在释放出巨大的潜能。2010年12月15日，第五媒体发展论坛上发布的《第五媒体行业发展报告》指出：到2015年，中国市场手机用户达到13.8亿，而手机网民则达到10.6亿，渗透率接近77%。这些用户都将是第五媒体未来潜在的受众群体。第五媒体的受众规模将远远大于其他媒体，成为名副其实的“主流媒体”，在规模上也是“第一媒体”。

07 中国企业无线营销之道：无数据，不商务；无数据，不营销

美国IBM公司CEO罗睿兰（Ginni Rometty）在一次演讲中提到，数据是下一个非常大的自然资源，数据将区分每

个行业胜者与输家。21世纪的营销是数据库营销。如果企业没有得到它相应的终端详细数据，就无法去关怀客户，更无法做好营销，所以，有了这些终端客户真正的数据信息，才能有真正的商务，有真正的营销。

阿里云计算总裁王坚说：手机有2亿个晶体管，拥有和巡航导弹一样的传感器。就如同人生的黑匣子，存储了你一生的数据。你能丢手机，但不能丢数据；你不会分享手机，但你需要分享数据。我们正从“生物人”向“数据人”转变。乔布斯在全球推广的“科技+人文”的iPhone手机，有力地推动人向“数据人”的升级。

无线营销是在强大的数据库支持下，利用第五媒体通过无线广告把高度的个性化即时信息精确有效地传递给消费者个人，达到“一对一”的互动营销目的。它是一种新型的关系营销，其最大的特点是通过第五媒体建立起“一对一”的营销平台。这种“一对一”的营销平台是建立在针对目标消费群的细分市场基础上，通过对细分市场的分众识别进行锁定，定向发布个性化信息，进行互动沟通，完成营销的推广活动。它体现了“无数据，不商务；无数据，不营销”的时代特点。在手机引领的大数据时代，广告公司和无线营销公司应该是“比广告更懂技术，比技术更懂广告”的结合体，无线营销是广告跟技术整合的服务。

08 流量转化成销量

当前思维不能解决当前问题，因为当前问题就是当前思维的结果。手机为核心应用的无线营销是精准营销。精准营销的潜台词是可以有效地拉动销售。在广告主的潜意识里，所有的广告都是与销售挂钩的，所有的广告形式都是为了吸引消费者拉动销售的。广告主往往很难对传播进行量化，但可以对自己的销售量化，不论你愿意不愿意，他们都会把量化的销售结果与所投放的广告进行挂钩，来衡量广告的投放产出比。

在广告主的观念中，传播效果就是销售效果！但从来就没有广告传播服务提供商敢承诺其所提供的传播服务可以与销售直接挂钩。在传统的传播环境中，这种承诺既不切实际也很危险。目前，社会化网络传播的效果主要以点击率和转化率等指标来体现，社会化媒体传播的定量化趋势越来越强，网络上的数据采集轻而易举，数据也从来没有像现在这样庞大而巨量，网络传播的定量化所带来的好处是，网络传播服务提供商可以提供“无懈可击”的数据论证传播效果，而这也让广告主们更加关心如何把传播效果与销售效果挂钩。无论是点击率也好，浏览量也好，既要信赖数据，也要怀疑数据。对于广告主来说，传播的数据再漂亮，也没有销售数据来得实在和真实。

到底社会化媒体网络广告传播的效果能否真正与销售直接挂钩呢？如果能直接挂钩，那是为什么呢？我们可以先来看过去十多年来电子商务与网络营销是如何被混淆使用的。这里有几个关键词，一个是渠道、终端，另一个是媒体。在传统的商业理念中，渠道是渠道，媒体是媒体，销售终端不能承担媒体的功能，反过来报纸也绝不承担渠道的功能。在电子商务的语境里，网络本身就是销售渠道或销售终端，由于在网络上本身就可以支付和交割，所以把网络定义为“渠道”和“终端”的电子商务做得风生水起，这时的网络被看作销售“平台”，网络本身是可以直接实现销售的通道！

然而，网络的另一个信息展示的性质也是其天然所固有的，所以网络的社会化“媒体”性是网络之于渠道和终端的另一个重要特性。网络作为新媒体的代表，可以把“渠道”与“媒体”合二为一。网络这种新媒体的特性从本质上颠覆了传统媒体的功能。现在，无论是互联网，还是移动互联网，它们本身既是媒体又是渠道。受众通过网络了解和知道信息，同样通过网络订购与信息相关的产品。我们看到阿里巴巴的淘宝既是电子商务平台，也是网络广告媒体。

随着智能手机的发展，移动营销变得多元化，未来手机营销的主要特点将是基于位置、精准定向的广告投放。无线广告定向投放是指通过技术实时判别用户属性从而做到的智能定向投放。在未来智能手机上，品牌客户端的应用会非常流行，它就好像企业放在用户手机上的品牌网站，跟企业的微博、SNS账户关联，也是企业服务用户的窗口。基于SoLoMo的营销应用，开启了社会化媒体营销应用的机会。比如用户在手机上看到好的广告，可以一键分享到微博或SNS上。这种基于社会化关系链的信息分享和传播，使得广告效益实现裂变式增长。

在最新出现的SoLoMo和O2O模式中，SoLoMo负责传播，O2O负责支付，这两种模式结合在一起，很好地构成了一个精准传播的网络营销传播系统，从而可以最大化地实现传播与销售挂钩的可能性。

所以，在社会化媒体营销过程中，网络可以充当“媒体兼渠道”的双重角色，网络广告可以把电子商务和网络营销合二为一，流量可以转化成销量，真正实现广告与销售直接挂钩！在网络营销中，无论是互联网还是移动互联网，其营销实践的核心是“数据库营销”，网络广告与销售直接挂钩是“精准营销”的结果，而这，就是社会化媒体营销的未来之路。

09 手机流量营销原理：4I模型

没有理论的事实是模糊的，没有事实的理论是空洞的。手机流量营销就是无线营销、移动营销。营销理论的变迁是以市场环境的变化为背景的，手机媒体的出现，体现了社会生活的发展和进步。随着移动互联网时代的到来，营销理论将会继续变化下去，以手机媒体为基础的移动营销理论初现，随着市场实践的不断丰富，移动营销理论的体系也将随之建立。

世界营销发展的历程可以用六个字来概括：“被动”“主动”和“互动”。在计划经济的商品时代营销是“被动”的，在市场经济的品牌时代营销是“主动”的，在体验经济大行其道的网络时代营销是“互动”的。“互动”就是参与体验，网络信息化时代传统媒体发生剧烈的变革，手机让每个人可以成为信息发布者，从被动到主动，从接收到体验，从被灌输到去参与、互动。世界媒体的发展历程也可以用六个字来概括：“大众”“分众”和“个众”。

在移动互联网络时代，人不仅是旁观者，还是参与者，传播的过程是充满生机的、有生命的过程。手机媒体和网络营销的本质都是数据库营销，核心都是数据库，但是运用的特征不一样。手机更加量化精准，广告效果可以根据媒体组合进行优化，我们可以对效果进行检测，甚至对第三方监测进行检测，因此体现在营销的改变上就是营销更加精细化。最关键的是要与网友形成互动和分享。

（一）营销理论的变迁：从4P到4C到4R

营销是一种思想方式、一种哲学，它定位于获知消费者自发表达的或被诱发出来的需要和欲望。探究营销理论的发展过程，就是对竞争环境和消费方式变化的理解过程，通过审视营销理论的变迁可以把握微信时代的营销特点和精髓。

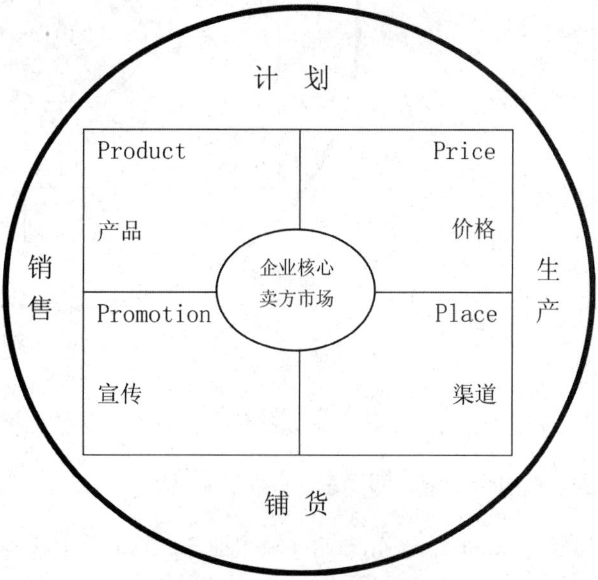

市场营销的“4P模型”图

20世纪60年代，美国营销学学者、密歇根大学教授杰罗姆·麦卡锡提出了著名的4P营销组合策略，即产品（Product）、价格

（Price）、渠道（Place）和促销（Promotion）。4P理论以满足市场需求为目标，然而4P理论是一种静态的营销理论，没能把消费者的行为和态度变化做思考市场营销战略的重点，因此这一理论不能完全适应市场的变化。

1990年，美国学者劳特朋（Lauteborn）教授从消费者角度出发，提出了与传统营销的4P相对应的4C理论，即消费者的需求与欲望（Consumer needs wants）、消费者愿意付出的成本（Cost）、购买商品的便利（Convenience）和沟通（Communication）。在4C理念的指导下，越来越多的企业更加关注市场和消费者，与顾客建立一种更为密切和动态的关系。

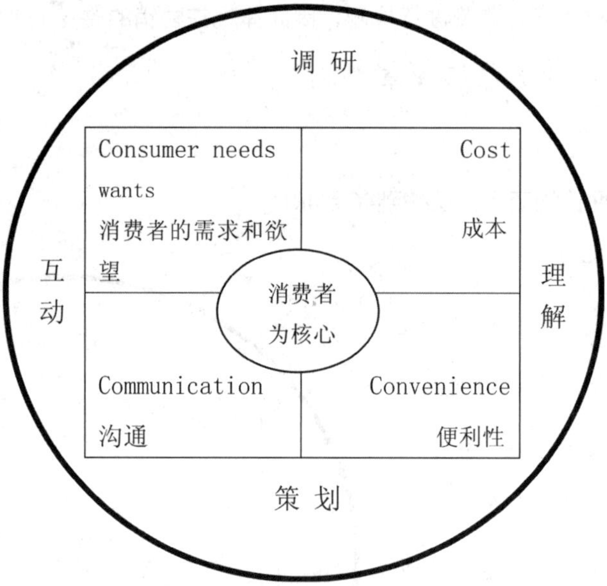

市场营销的“4C模型”图

21世纪初，《4R营销》的作者艾略特·艾登伯格提出了4R营销理论，阐述了四个全新的营销组合要素，即关系（Relationship）、节省（Retrenchment）、关联（Relevancy）、报酬（Reward）。4R理论强调企业与顾客在市场变化的动态中应建立长久互动的关系，以防止顾客流失，从而赢得长期而稳定的市场。

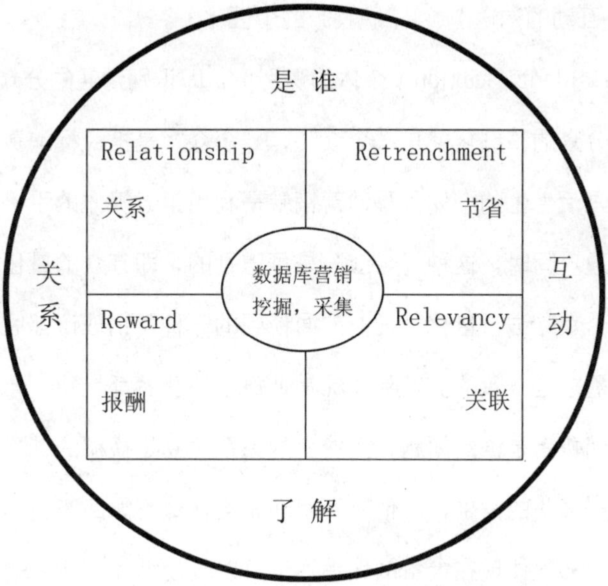

关系营销的“4R模型”图

4P营销理论站在企业的角度来思考问题，是营销的一个基础框架，4C营销理论是站在客户的角度来思考问题的，但是二者没有侧重从企业整体运作的角度看待问题，更没有侧重从营销的核心目的去分析问题，所以4P和4C营销都是对营销过程中重点元素的静态描述。4R则是二者综合提炼的结果，它满足营销的核心，而且是一个动态的过程。但4R营销仍是“粗放”型的，远没达到“一对一”的“精细”化程度。微信时代手机媒体的出现，使我们可以通过“4I”模型来探讨“精细化”的关系营销。

（二）手机流量的移动营销组合：“4I模型”

以手机为代表的大数据时代的营销本质根本不是数据，而是数字营销时代的商业哲学。手机媒体的无线营销颠覆了传统营销模式。移动营销的“4I模式”是指：Individual Identification（个体的识别）、Instant Message（即时的信息）、Interactive

Communication（互动的沟通）、I（“我”的个性化）。

1. Individual Identification（个体的识别），即识别沟通的分众对象并与其建立“一对一”的关系。分众的精细化就是“个众”，“个众”是指目标消费者已经不是抽象的某一个群体了，而是活生生的个体，移动营销就是利用第五媒体的手机与活生生的个体进行“一对一”的沟通。同时，这种“个众”是可识别的，即分众的量化。既然可识别，就可对目标消费的“个众”进行量化管理。前面谈到的三种营销理论都假设消费者是一种抽象的描述，他们的需求是一致的。实际情况是，每个消费者都是独一无二的。传统营销理论回避了到底哪个消费者是谁的问题，消费者的关系建立是模糊的、不可识别的，因为消费者有需求，但是“谁”的需求，“他”到底在哪里，却不能回答。消费者是“见利忘义”的，这种“见利忘义”体现在大量的促销活动可以轻易地使消费者转移品牌，消费者的品牌忠诚度更难把握和琢磨，所以移动营销可做到分众识别，个众锁定，定向发布广告。

2. Instant Message（即时的信息）。即时性体现了移动营销的随时性和定时性。手机的便利性使得移动营销可以及时地与目标消费者进行沟通，移动营销的即时性可快速提高市场反应速度。在相互影响的市场中，对经营者来说，最现实的问题不在于如何控制、制定和实施计划，而在于如何站在顾客的角度及时地倾听顾客的希望、渴望和需求，并及时答复和迅速做出反应，满足顾客的需求，移动营销的动态反馈和互动跟踪为这种营销策略提供了一种可能。要强调的是，移动营销的即时性对企业来讲意味着广告发布是可以定时的！这是因为当企业对消费者的消费习惯有所觉察时，可以在消费者最有可能产生购买行为的时间发布产品信息，这需要对消费者的消费行为有量化的跟踪和调查，同时在技术上要有可以随时发布信息的手段。

3. Interactive Communication（互动的沟通）。互动就是参与。顾客忠诚度是变化的，他们会随时转移品牌。要保持顾客的忠诚度，赢得长期而稳定的市场，“一对一”

的无线互动营销，可以与消费者形成一种互动、互求、互需的关系。在移动营销活动中，“一对一”互动关系必须对不同顾客（从一次性顾客到终生顾客之间的每一种顾客类型）的关系营销的深度、层次加以甄别，对不同的需求识别出不同的分众，才能使企业的营销资源有的放矢，互动成为相互了解的有效方式。

4.I（“我”的个性化）。个性化是一个民族自信和社会文明进步的体现。个性化就是人性化。微信时代，人就是媒体，手机就是人！手机的属性一直是个性化、私人化、功能复合化和时尚化的，这些也逐渐形成评价一部手机满足用户需求的默认标准。这使得利用第五媒体——手机进行的移动营销活动具有强烈的个性化色彩。“让我做主！”“我有我主张！”“我的地盘我做主！”“我运动我快乐！”“我有，我可以！”“我能！”，这些在消费生活中人们高喊的口号已经传达出市场越来越明显的个性化特征，这种消费诉求要求市场的营销活动具有个性化，所传递的信息也要具有个性化。人们对个性化的需求将比以往任何时候都更加强烈。微信时代的移动营销模式就是可识别的个众的、即时的、互

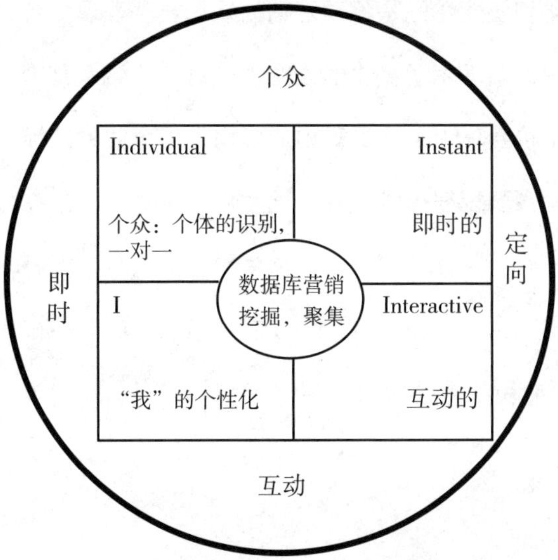

无线营销的“4I模型”图

动的、个性化的。

无线营销模型“4I模型”，个众+互动+个性+即时=数据库营销，其核心就是数据库营销。营销理论的变迁是以市场环境的变化为背景的，随着手机时代的到来，营销理论将会继续变化下去，以手机媒体为基础的移动营销理论初现，随着市场实践的不断丰富，移动营销理论的体系也将随之建立。

（三）“一对一”的关系营销

移动营销的传播策略应该是这样的，在数据库营销的基础上，对目标消费群根据营销需求进行分众识别，然后向可识别的分众定向传播个性化信息，通过互动跟踪，监控传播效果并随时进行动态调整，通过“一对一”的沟通，最大限度达成传播目标，移动营销的过程，正是具有这种分众定向和互动的优势特征，移动营销是“一对一”的关系营销。

从移动营销的“4I模式”可以看出，互动是移动营销的核心，“一对一”则是移动营销的内在特点，个性化和及时性则是移动营销的外在显著表现。就是因为移动营销的“一对一”性，营销的客户关系发生了量化的改变，一对一的关系营销使客户关系管理与维护变得更加精细化了。手机媒体上的流量表现形式均因为个体的选择而极具个性化色彩，使得“一对一”的关系营销表现得出类拔萃！显然，“一对一”是在数据库营销的基础上展开的，移动营销的“一对一”性使得未来的营销质量得到有效提高，营销效果得到可量化的监测，消费行为的个性化也越来越明显，这对营销的实务提出了更高的要求，“一对一”的移动营销展示了全新的营销模式。

第三篇

手机流量营销实操案例

01 “互联网+”趋势下的流量经营

随着互联网+时代的到来和4G的快速发展，各种基于移动互联网的新兴业态层出不穷，推动着世界从“人人互联”向“物物互联”迈进，而任何设备的接入与连接都离不开流量，流量成为支撑信息应用服务的血管和命脉。

在互联网+的背景下，流量经营呈现出五大趋势：基于管道视角的底层管道智能化、基于内容视角的内容与流量共生共长、基于用户视角的流量成为生活必需品、基于产业视角的资源能力开放以及基于商业模式视角的流量交易平台兴起。基于这五大趋势，未来流量经营有五种经营模式：经营流量、经营内容、经营移动广告、经营大数据和经营交易平台。

中国电信综合平台开发运营中心王刚提出了自己的看法。

（一）流量经营快速发展，运营商加快转型

手机上网用户和户均流量持续增长

手机上网用户和移动电话用户渗透率

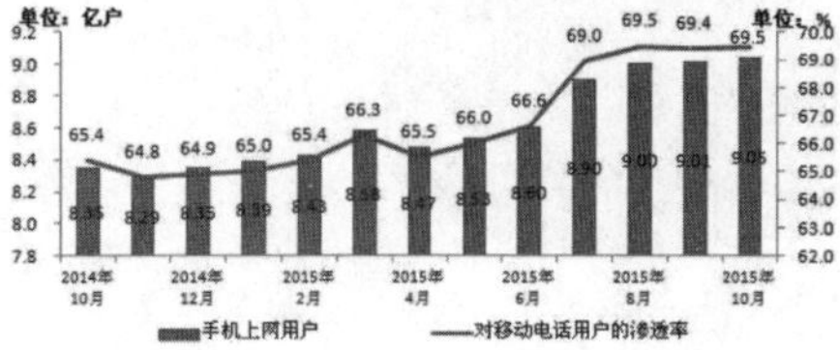

移动互联网接入流量和户均流量

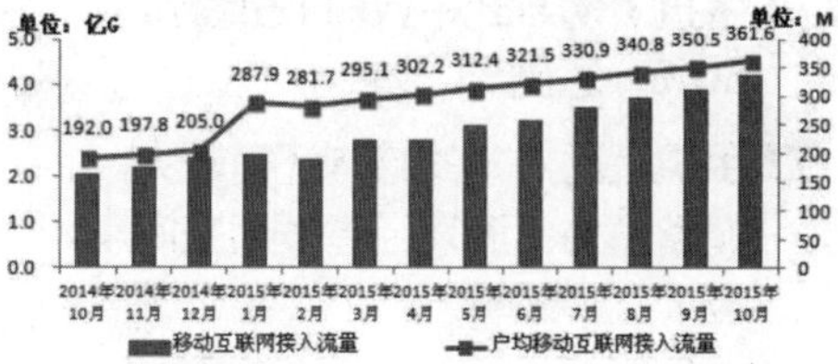

数据来源：工信部网站

- 截至2015年10月，我国移动电话用户突破13亿，达到13.02亿，其中3G用户4.19亿，占比32%，4G用户3.28亿，占比25%
- 手机上网用户数9.05亿，渗透率69.5%
- 2015年10月，移动互联网接入流量4.2亿G，1—10月累计32.1亿G，同步增长100.2%，其中手机上网流量28.8亿G，占比89.7%
- 户均流量361.6M，手机上网流量连续10个月翻倍增长
- 移动互联网流量平均资费80.1元/G，同比下滑35.5%

移动应用的快速发展拉动流量增长

移动应用、手机终端、移动网络共同推动流量增长，移动应用是核心

Baidu百度

- 百度第三季度总营收为人民币183.83亿元，比去年同期增长36.0%，移动营收在总营收中所占比例为54%，去年同期为37%
- 李彦宏：中国已全面进入移动时代，百度现在2/3的搜索流量都来自移动端

阿里巴巴 Alibaba.com

- 2015年阿里天猫淘宝“双11”交易额912.17亿元，其中无线交易额为626亿元，占比68.67%

Tencent腾讯

- 2014年微信拉动信息消费952亿元，其中带动的数据流量支出达867亿元，占比91%，拉动三大运营商数据流量20%—25%的增长
- 预计2015年，微信带动的信息消费1428亿元，若数据流量仍按91%占比计算，拉动运营商流量收入将达到1300亿元

数据来源：百度2015年Q3财报，阿里研究院，微信经济社会影响力分析

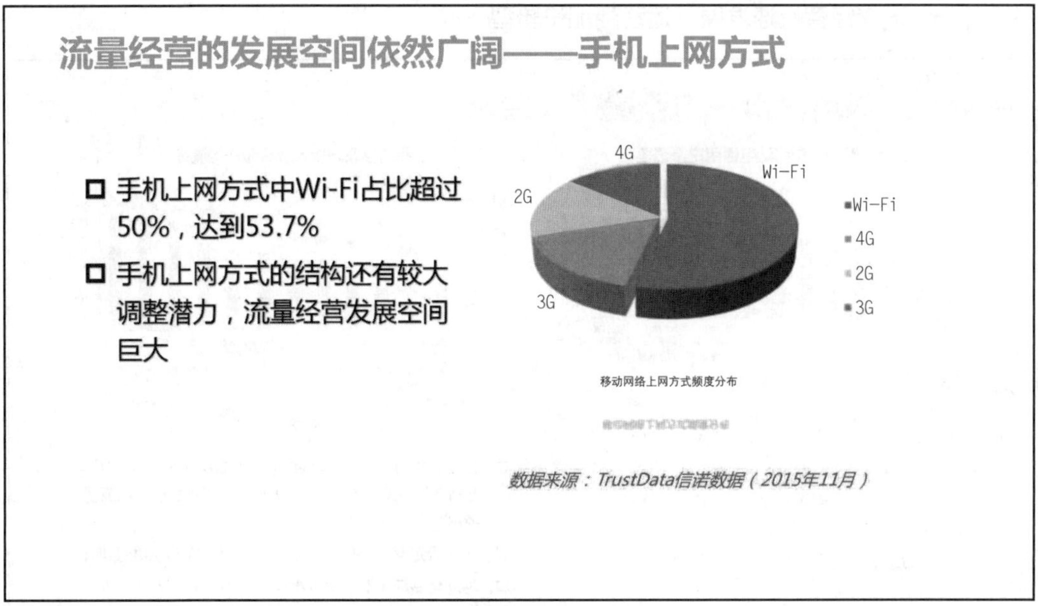
流量经营的发展空间依然广阔——手机上网方式
手机上网方式中Wi-Fi占比超过50%，达到53.7%
手机上网方式的结构还有较大调整潜力，流量经营发展空间巨大
4G
Wi-Fi
2G
3G
Wi-Fi
4G
2G
3G
移动网络上网方式频度分布
数据来源：TrustData信诺数据（2015年11月）

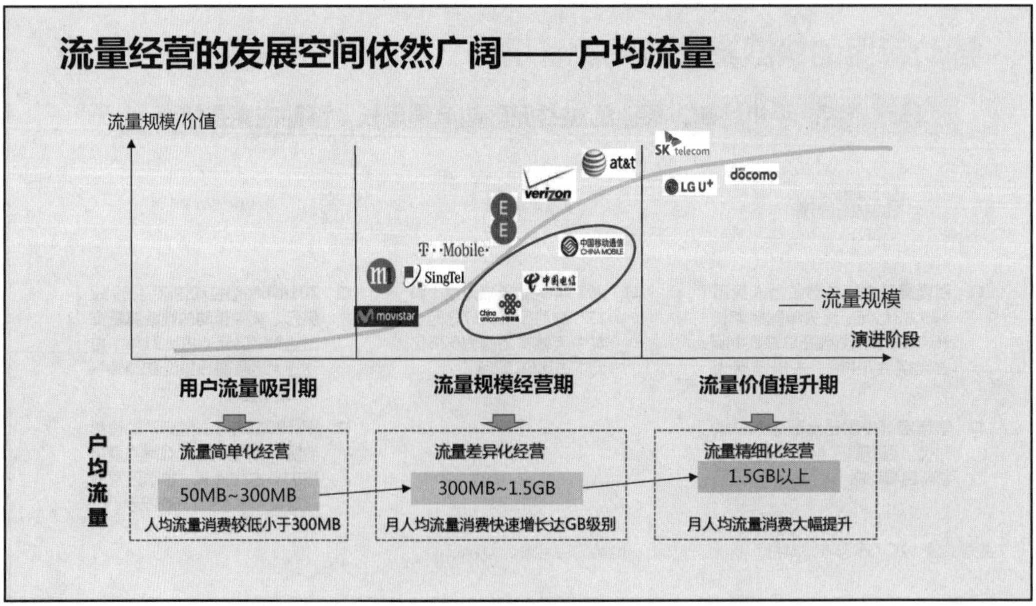
流量经营的发展空间依然广阔——户均流量
流量规模/价值
流量规模
演进阶段
用户流量吸引期
流量规模经营期
流量价值提升期
户均流量
流量简单化经营
50MB~300MB
人均流量消费较低小于300MB
流量差异化经营
300MB~1.5GB
月人均流量消费快速增长达GB级别
流量精细化经营
1.5GB以上
月人均流量消费大幅提升

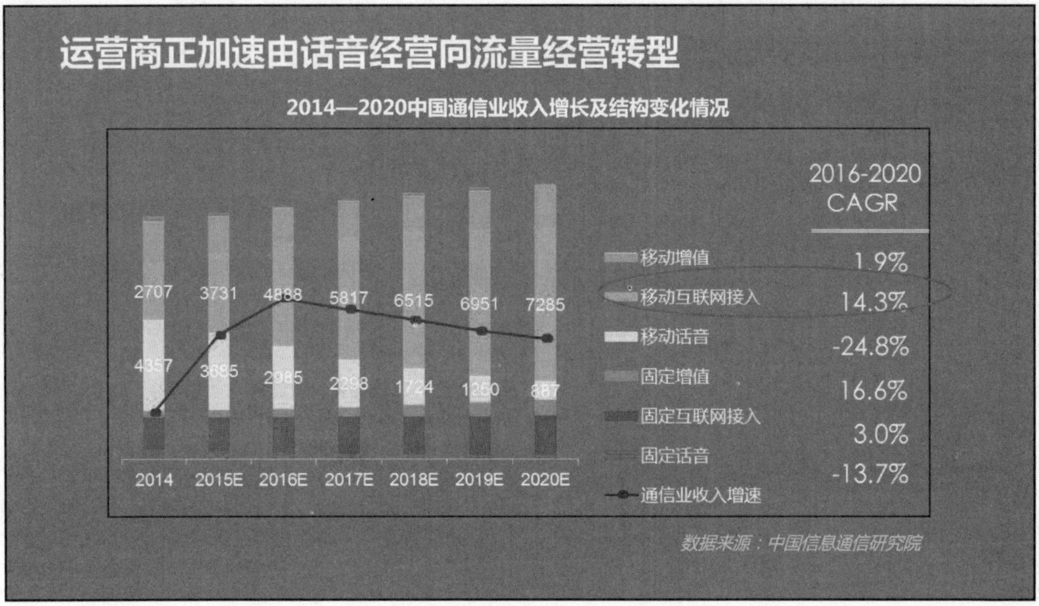

（二）“互联网+”趋势下流量经营发展思考

“互联网+”和“新供给”是创新驱动发展的国家战略

中共中央关于制定国民经济和社会发展第十三个五年规划的建议

- **培育发展新动力**：优化劳动力、资本、土地、技术、管理等要素配置，激发创新创业活力，推动大众创业、万众创新，**释放新需求，创造新供给**，推动新技术、新产业、新业态蓬勃发展，加快实现发展动力转换。
- **拓展发展新空间**：拓展网络空间，实施“互联网+”行动计划，发展物联网技术和应用，发展分享经济，**促进互联网和经济社会融合发展**。实施国家大数据战略，推进数据资源开放共享。完善电信普遍服务机制，开展网络提速降费行动，超前布局下一代互联网。推进产业组织、商业模式、供应链、物流链创新，支持基于互联网的各类创新。

国务院关于积极发挥新消费引领作用加快培育形成新供给新动力的指导意见

国务院关于积极推进“互联网+”行动的指导意见

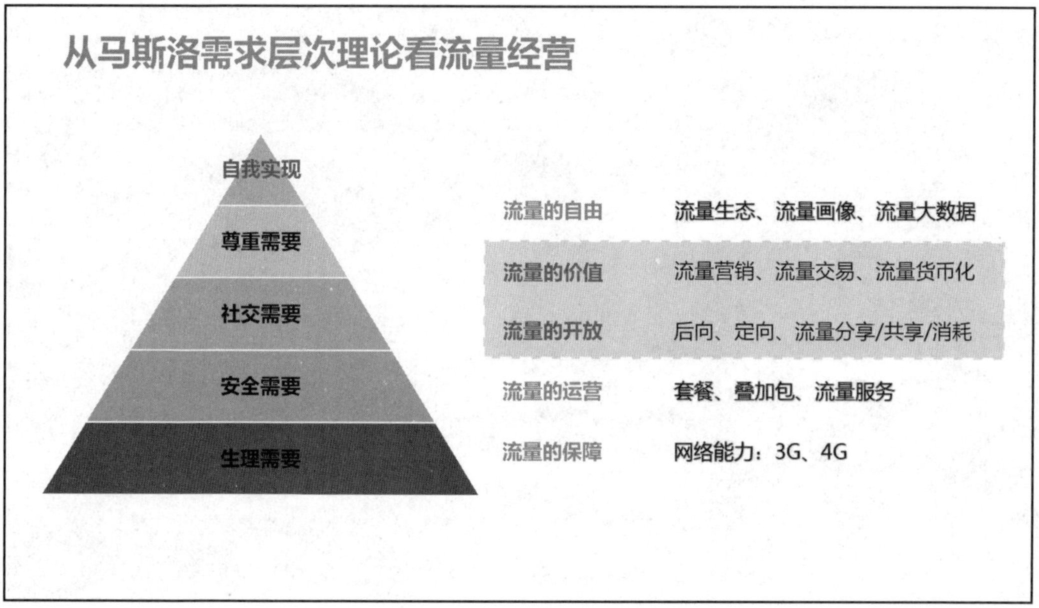
从马斯洛需求层次理论看流量经营
自我实现
尊重需要
社交需要
安全需要
生理需要
流量的自由
流量生态、流量画像、流量大数据
流量的价值
流量营销、流量交易、流量货币化
流量的开放
后向、定向、流量分享/共享/消耗
流量的运营
套餐、叠加包、流量服务
流量的保障
网络能力：3G、4G

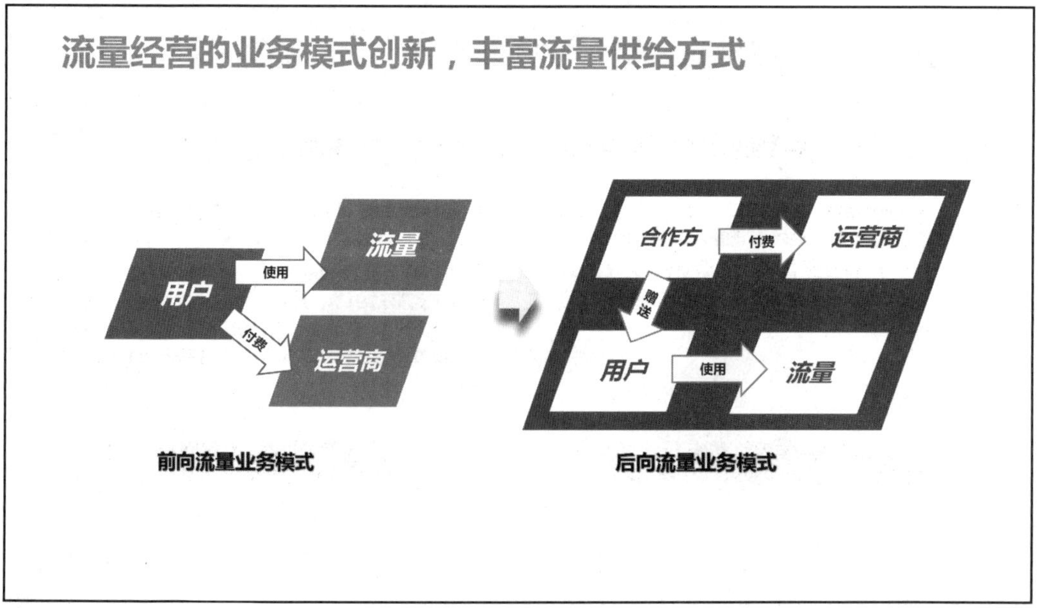
流量经营的业务模式创新，丰富流量供给方式
用户
使用
流量
付费
运营商
合作方
付费
运营商
赠送
用户
使用
流量
前向流量业务模式
后向流量业务模式

流量经营的业务能力创新，丰富流量供给场景
M
30M
100M
流量包
流量币
流量券
流量交易
流量营销
定向流量

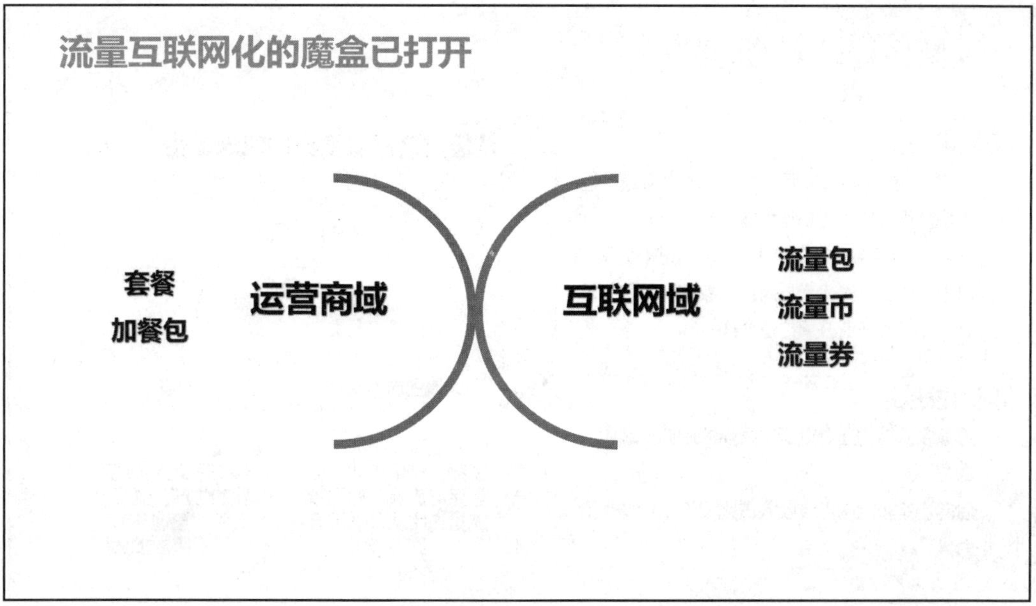
流量互联网化的魔盒已打开
套餐
加餐包
运营商域
互联网域
流量包
流量币
流量券

流量互联网化推动整个流量经营发展

□ 资本市场对流量互联网化带动的流量经营行业逐渐重视

- 中信证券等多家证券公司发布了流量经营的分析报告
- 部分上市公司以流量经营转型为契机已带动了股价的上升
- 2016年市场预测后向流量和定向流量收入规模近百亿

流量经营相关A股上市公司

公司	公司代码	流量经营业务布局
吴通控股	300292.SZ	子公司国都互联经营企业短信业务、互众广告经营 SSP 互联网广告，公司围绕现有运营商及合作客户资源，拓展流量后向经营业务
通鼎互联	002491.SZ	公司"流量掌厅"主要向手机用户提供流量专属服务，如精准流量监控、便捷流量订阅、互动流量活动等，公告显示截至 2015 年 10 月 13 日已下载 6728 万次
荣信股份	002123.SZ	子公司梦网科技主营企业短信业务，向后向流量经营领域发力，同腾讯、宁波银行、北京银行等 15 家客户签订了相关业务的合作协议
高鸿股份	000851.SZ	公司业务覆盖话费充值、线下刷机、综合兑换平台主攻方向是电信充值卡与游戏卡、电商卡之间的兑换
网宿科技	300017.SZ	公司是国内 CDN 龙头，布局流量经营平台项目，连接运营商和众多互联网公司，开展流量经营业务
北纬通信	002148.SZ	公司旗下虚拟运营商蜂巢互联向企业提供 WIFI 时长卡，目前已经与腾讯、360 开展合作。

数据来源：中信证券研究部整理

流量经营未来的商业机会

国际经验：

- 4G用户渗透率超5%后，达到市场引爆点，超引爆点后三年渗透率年均提升12-20pp
- 4G初期以视频、音乐等大流量应用占比超70%以上，后流量时代，与医疗、教育、智能交通及车联网等产业开展广泛合作

国内发展：

- 流量收入结构还是以面向大众的前向流量收入为主
- 后向流量和定向流量收入占比很低，但增长潜力大

从促进流量消费到构建流量生态系统

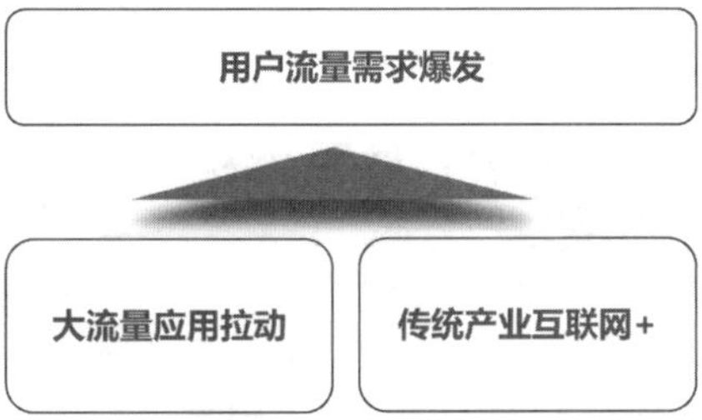

视频、音乐拉动内容型定向流量，如视频流量占比从55%提升到72%

互联网嵌入传统产业的生产、制造及销售、管理环节，流量需求加大

（三）共建流量生态系统，推进“流量+”发展

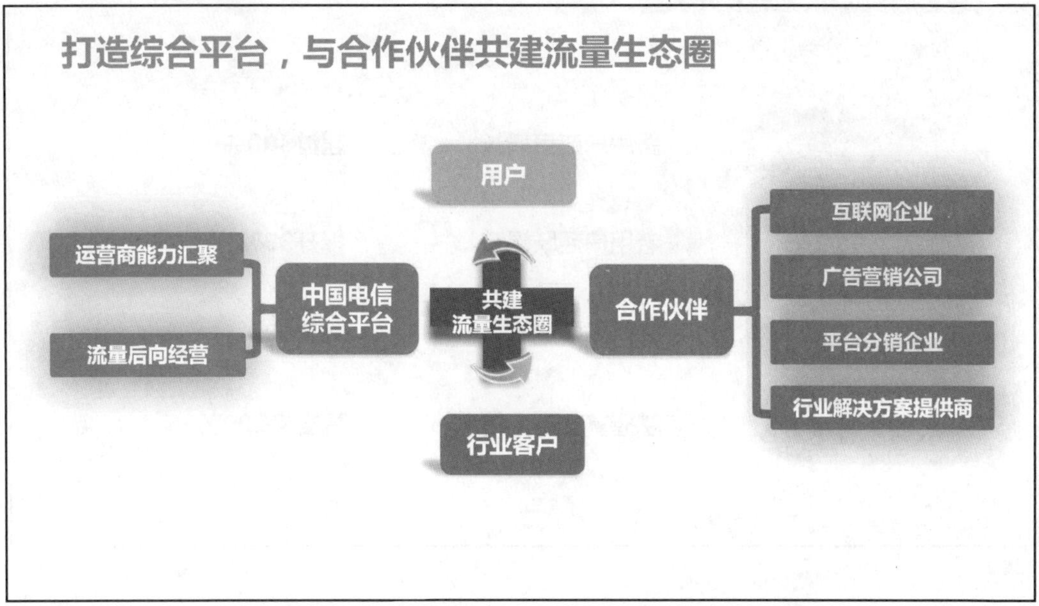

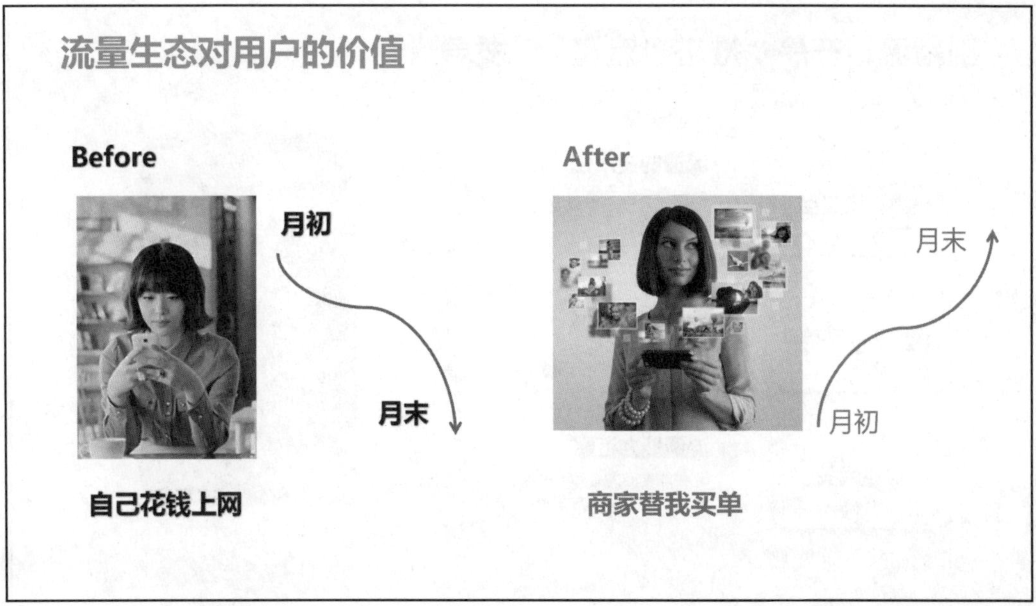

流量生态对企业的价值
新用户成倍增长
超过300%
老用户活跃提升
提升30%
降低发展成本
降低50%
掌握真实用户信息
真实度100%

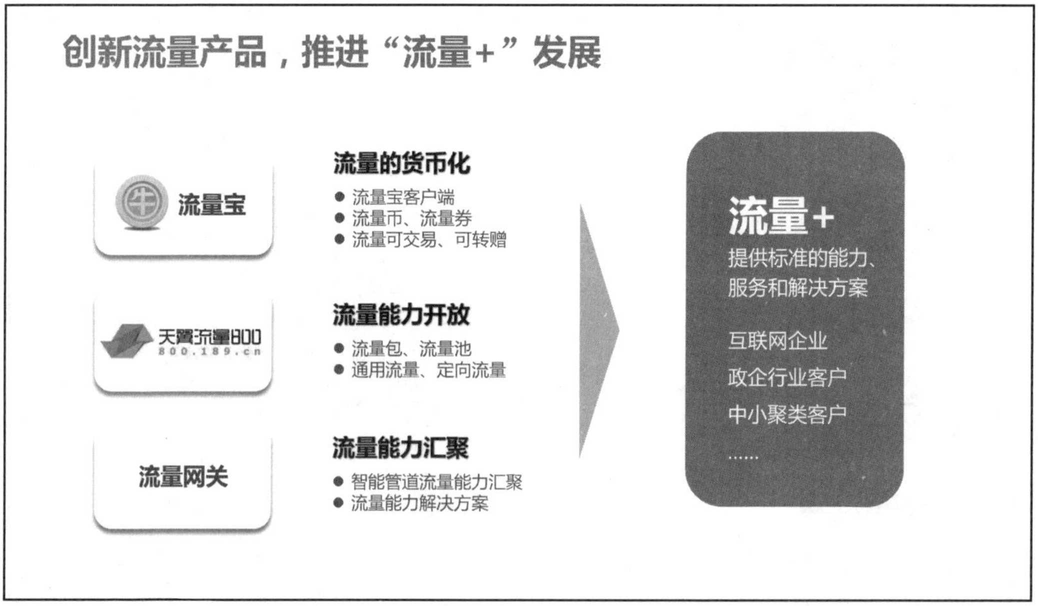
创新流量产品，推进“流量+”发展
流量宝
天翼流量800
800.189.cn
流量网关
流量的货币化
● 流量宝客户端
● 流量币、流量券
● 流量可交易、可转赠
流量能力开放
● 流量包、流量池
● 通用流量、定向流量
流量能力汇聚
● 智能管道流量能力汇聚
● 流量能力解决方案
流量+
提供标准的能力、
服务和解决方案
互联网企业
政企行业客户
中小聚类客户
……

案例1：百度钱包1分钱专享

- 百度钱包1分钱专享，登录并绑定银行卡，首次支付即可享有“100M电信流量包低至0.01元”的特权

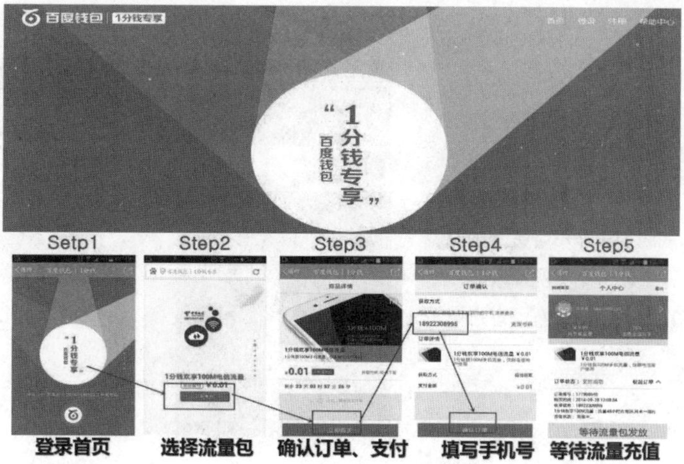

案例2：绿箭扫条码领流量

- 万佳等商超销售绿箭口香糖，扫码领取30M流量

案例3：微信企业号定向免流量

- 企业号采购定向流量池，为员工减免使用企业号的流量，员工共享企业流量池，管理员可查询企业流量池使用情况及余额
- 腾讯微信企业号官方推荐

案例4：平安保险用户调研送流量

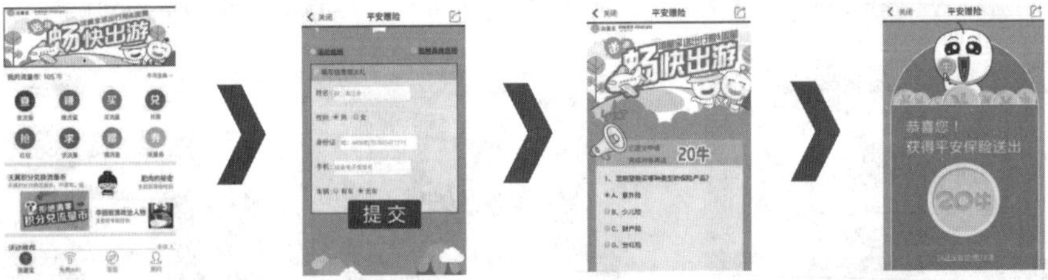

- 用户在流量宝的平安保险活动页面填写个人基本信息及问卷，即可获赠平安保险提供的出行意外险1份和获得20个流量币

流量连接未来
流量+
互联网行业
金融行业
快消品行业
房地产行业
公共服务行业

02 天翼流量800优秀活动案例集锦

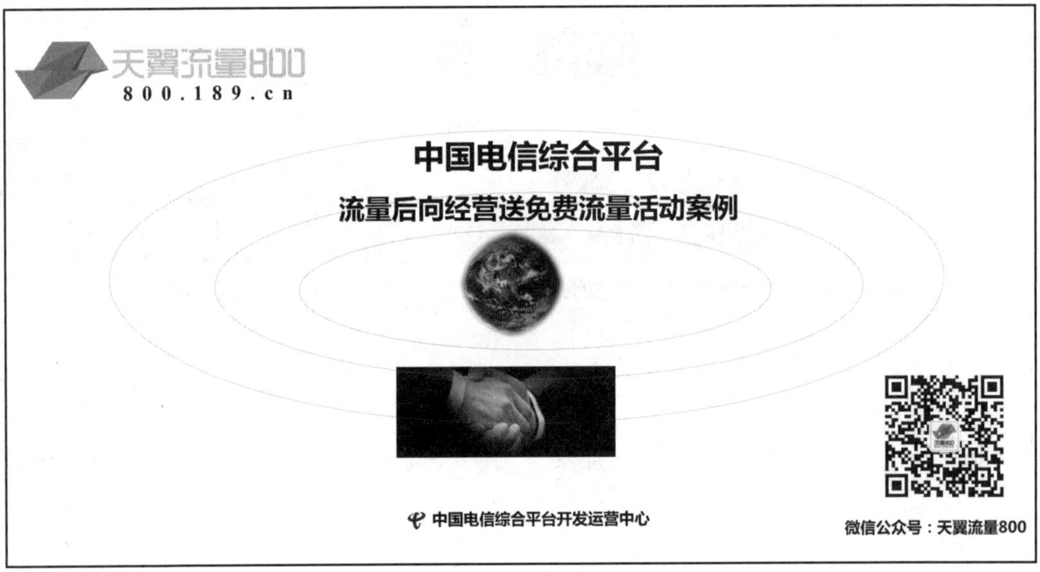

最具价值的流量合作伙伴

The Most Valuable Partner of Flow

1	3	31
100%真实用户	3倍新用户增长	31个省份用户覆盖度
10000	20000	10000000
10000家营业厅资源	20000个线上渠道	10000000用户

传统行业

Traditional Industry

专为银行、快消、交通等传统行业客户特别是020提供线上拉粉、拉新、预定专业的解决方案，当传统遇上互联网，谁知道会发生啥化学反应呢。

互联网行业

Internet Industry

致力于为包罗万象的互联网行业开启新的引流模式，增加游戏、音乐、视频等大流量产品的用户黏性，促进理财、旅游出行等新兴产品新增。

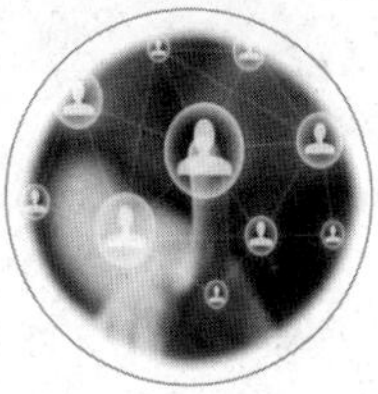

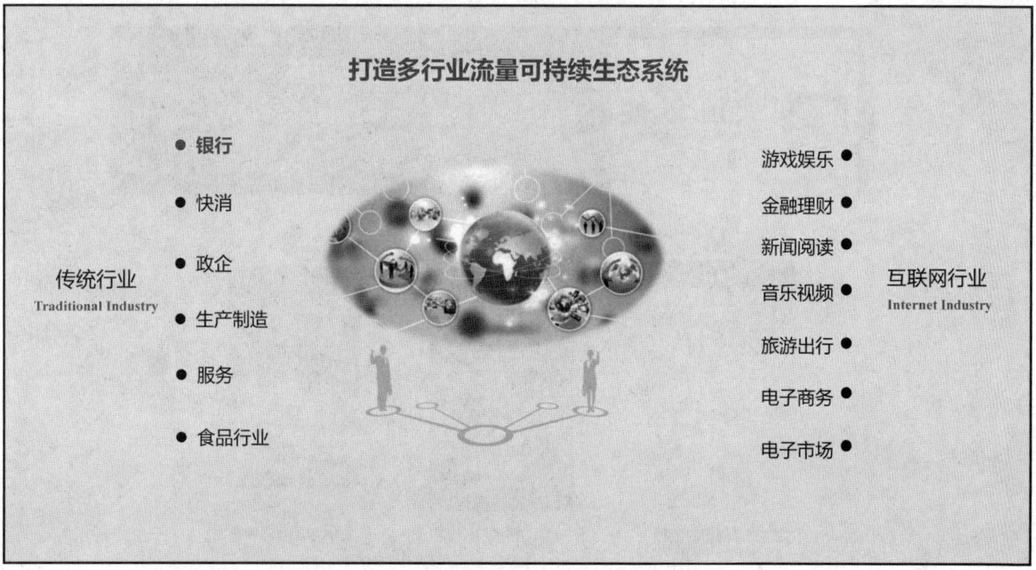

（一）传统银行行业

传统银行行业

行业痛点
Pain Points

- 掌上银行推广难
- 公众号成为一种提高客户黏性的新型方式和入口
- 丰富积分可兑换产品体系

解决方案
Main Solutions

- 下载安装手机银行，注册即送流量包
- 关注公众号，玩游戏、答题送流量
- 按照积分大小兑换不同流量规格流量包

交通银行
BANK OF COMMUNICATIONS

交行智慧答题抢百兆流量

关注“交通银行微银行”答对一题随机积分，一积分=1M，高于200M的剩余部分可以赠送给别人。

活动流程
Activity Process

关注交通银行微银行　　答题　　输入手机号码领取

注册南京银行领200M流量（3月22—31日）

截至3月31日，江苏省内电信客户首次下载并注册南京银行“你好银行”，次月上半月就充值200M通用免费流量，不需要捆绑银行卡，只需注册。

活动流程
Activity Process

安装进入“我的账户”　点击“立即注册”　填写注册信息、推荐人　绑定提现卡

其他银行办信用卡、关注及分享送流量

为拉动其微信公众号的粉丝，招商银行及苏州银行等其他银行积极推出办信用卡、微信分享、关注公众号送流量的活动。

办信用卡送流量

办招行信用卡送百兆流量

微信分享送手机流量

招商银行北京金葵花微信互动分享送50—200M北京手机流量

关注苏州银行抢百兆流量

关注苏州银行，抢百兆流量

（二）快消行业

快消行业

行业痛点
Pain Points

- 销售移动互联网化
- 增加商品销量

解决方案
Main Solutions

- 引导关注微信公众号，关注即送流量
- 开盖有奖、开罐有奖、扫码有奖送流量

喝康师傅绿茶，三网流量免费领

活动期间，凡购买康师傅绿茶标有“茶多分绿动健康赢”促销装，进入活动页面输入瓶身13位编码，可参与茶多分抽奖并获得积分，满100积分可进行流量兑换。

购买活动促销装康师傅绿茶

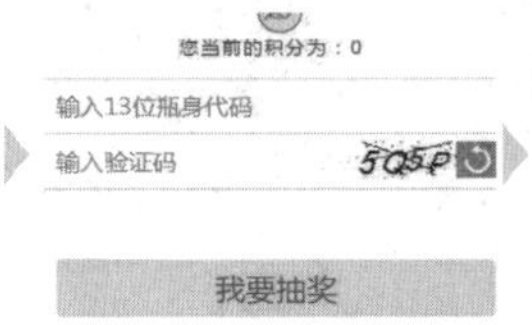

输入13位编码

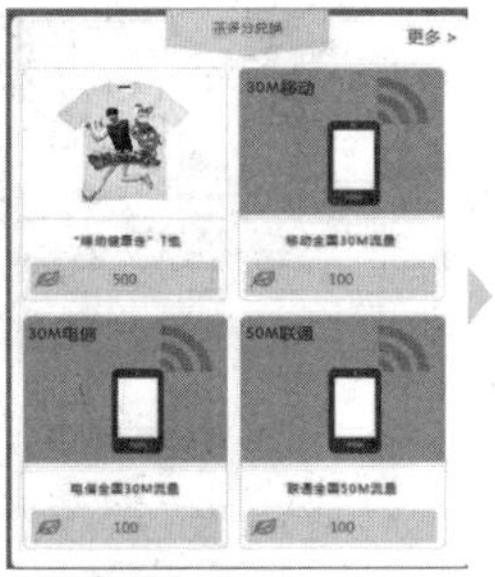

满100茶多分进行流量兑换

扫绿箭条形码，送30M流量

微信扫任意绿箭产品条形码，即可进入抢30M流量专区，每日9点开抢，每天限量1888个，先到先得！

微信扫条码　进领流量页面　填写号码　等待流量发放

活动形式简单，易参与，每日流量均被秒抢，提供购买噱头，增加绿箭的销量。

（三）政企行业

政企行业

行业痛点 Pain Points	解决方案 Main Solutions
传统的搜集投诉建议难	关注公众号送流量，消息即时到达市民
市政新闻和政府动态到达市民难	添加支付宝服务窗，消息即时到达

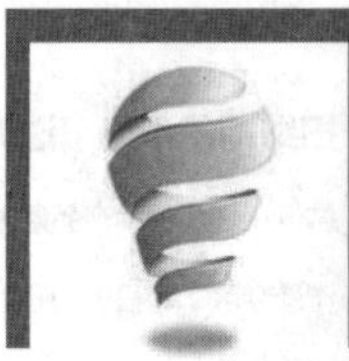

关注佛山市民网支付宝服务号送30M流量

通过与流量800的业务合作，以流量为卖点，用户使用支付宝添加“佛山市民网”即可赠送30M流量。

活动流程
Activity Process

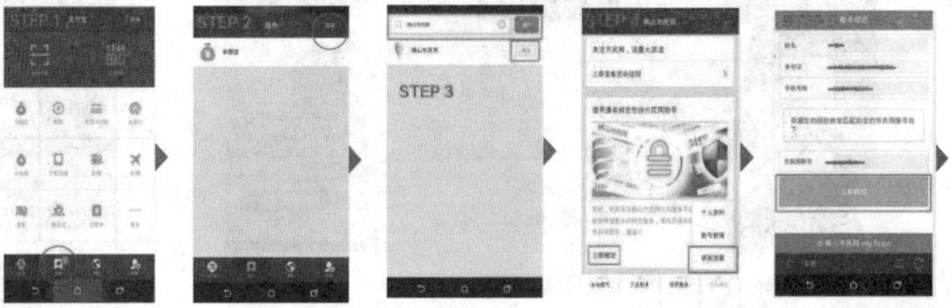

进入支付宝首页“服务窗”　点击右上角添加　搜索“佛山市民网”　进入活动页面　输入手机号验证领流量

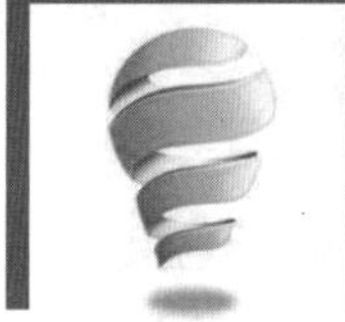

关注佛山市民网微信公众号绑定账户，即送30M流量

以流量为奖励，引导用户绑定账户，方便政企公众号进行便民服务和管理，减轻线下缴费、交通等服务压力。

活动流程
Activity Process

关注佛山市民网公众号　点击右下角“我”绑定　输入手机号码　注册账户　输入手机号验证领流量

（四）生产制造行业

生产制造行业

行业痛点
Pain Points

- 传统营销难突破，寻求数字营销新途径
- 极致化汽车体验，打造云端体验店

解决方案
Main Solutions

- 关注公众号送流量，24小时无缝连接消费者
- 体验微信云端店送流量

MITSUBISHI MOTORS 广汽三菱

广汽三菱摇一摇送10M流量

关注公众号摇一摇送红包，广汽三菱送10M，广汽三菱

活动流程
Activity Process

扫描二维码，点击“关注”　　进入公众号　　点击菜单栏“摇一摇送红包”进入活动页面

（五）服务行业

服务行业

行业痛点 Pain Points	解决方案 Main Solutions
企业优惠信息难即时到达用户	关注公众号送流量，消息即时到达用户
用户积分兑换难	积分可兑换流量包

昆山旅游度假区送30M流量

关注昆山旅游度假区官方微信（微信号：kslydjq），点击聊天框旁“在线优惠”—“送流量”，或直接回复“送流量”即可在活动页面领取昆山旅游度假区赠送的30M流量

活动流程
Activity Process

关注公众号

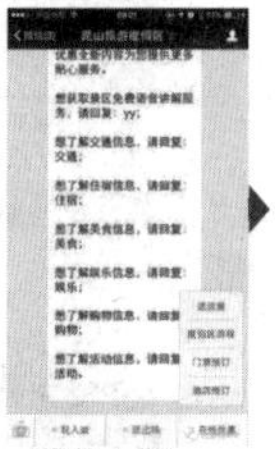

进入公众号

填写信息领取流量

（六）食品行业

食品行业

行业痛点
Pain Points

- 企业优惠信息难即时到达用户
- 互联网趋势下，寻找新型营销方式的突破

解决方案
Main Solutions

- 关注公众号送流量，消息即时到达目标用户
- 消费产品送流量

关注恒顺醋饮，700份100M流量等你拿

关注恒顺醋饮微信公众号，以流量为奖励，引导用户绑定账户，方便公众号将优惠信息实时送达至消费者。

活动流程
Activity Process

扫描公众号二维码 → 点击“关注” → 发送关键词“流量” → 进页面输入手机号 → 成功领取流量

（七）游戏娱乐行业

游戏娱乐行业

行业痛点
Pain Points

- 营销模式单一
- APK太大，须在Wi-Fi环境下载
- 获取新用户营销方案单一

解决方案
Main Solutions

- 电信线上线下多渠道推广
- 免流量下载+免流量畅玩获取新用户、留存老用户
- 安装即送流量获取新用户

玩UC九游游戏送免费流量活动

用户登录九游门户网站，下载指定游戏，玩九游游戏100%免费送100M流量，次月仍有登录游戏加送200M流量。

活动图文链接　**注册UC账号**　登录UC账号　开始游戏　成功等待流量包发放

下载《我是车神》送100M流量

下载九游《我是车神》全球首发即可获赠100M电信流量，仅限安卓手机用户。

下载、安装

输入手机号码

玩游戏，等待流量发放

下载《植物大战僵尸》送100M流量

中国电信安卓手机用户，指定页面下载并填写电信手机号码，开始玩《植物大战僵尸2》游戏，填写手机号码免费送100M流量。

下载、安装

输入号码

玩游戏、领取流量

（八）新闻阅读行业

新闻阅读行业

行业痛点
Pain Points

- 在内容同质化严重的情况下，寻求差异点拉取新用户
- 新闻大事件营销方案无差异化
- 用新闻阅读类App提高其他产品如浏览器的活跃度

解决方案
Main Solutions

- 下载安装即送流量
- 用户持续关注某个热点爆发新闻事件即送流量
- 用指定浏览器看新闻即送流量

网易新闻·“易”起狂欢送流量

世界杯期间，24省电信用户登录网易新闻客户端参与世界杯专题活动即可领取100M电信流量，更有机会赢得1G流量大奖。

活动主题切合世界杯，形式好参与，共吸引12.4万户订购量，产生收入117万元。

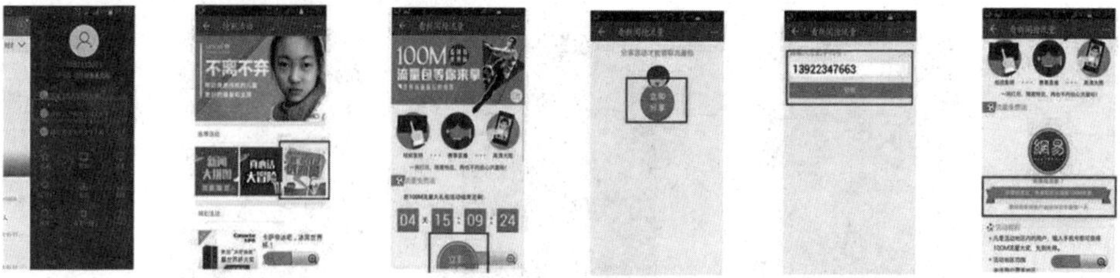

下载安装，进入“个人中心”　点击“推荐活动”　点击“立即领取”　分享　填写手机号码　成功领取流量

UC囤小说抽奖活动（9月11—30日）

用户在UC浏览器中打开活动页面，点击“光速找书”进入小说全搜书架，每添加一本小说进书架，可参与大转盘抽奖一次，幸运用户将获得100M流量包或其他奖品。

活动吸引10万用户关注，带来2.9万的订购量。

进入活动页面　进入小说全搜　添加小说进书架　参与抽奖　填写中奖信息

百度搜索测B格送100M流量

即日起全国除内蒙古外电信用户，在手机百度客户端输入cebige.duapp.com即可参与测一测你的B格指数活动，测出B格后可领取100M流量。

活动形式简单，有趣，且百度搜索客户端用户体量较大，活动一上线备受各省分公司欢迎，活动共计10万份流量包，上线不到一天就被抢光。

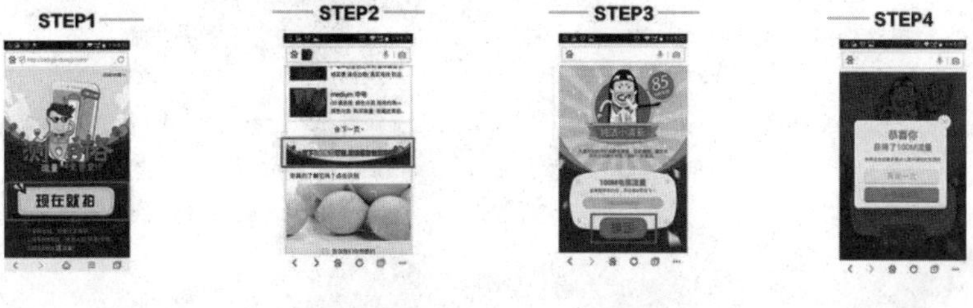

点击“现在就拍”　查看B格指数　输入号码　获得流量

用hao123看小说送流量（10月20日—11月20日）

即日起，中国电信用户（除内蒙古用户外）到指定地址下载hao123客户端，打开客户端进入“小说”专区，点击活动兑奖banner，就有机会获得10M手机流量！

活动为抽奖形式，且流量包较小，吸引了约5万人关注，带来约2万元收入。

下载

进入小说专区

输入号码

等待中奖结果

（九）音乐视频行业

音乐视频行业

行业痛点 Pain Points	解决方案 Main Solutions
在内容同质化严重的情况下，寻求差异点拉取新用户	下载安装即送流量
促进融合套餐	订购产品定向流量包即享受其他会员服务
增加会员业务订购量	订购会员业务赠送流量

爱奇艺·畅饮世界杯　免费领流量

世界杯期间，24省电信用户登录爱奇艺客户端参与“畅饮世界杯　免费领流量”活动，即有机会换取500M电信流量。

世界杯期间，共吸引4万用户订购。

点击“发现”　进入活动　选择“世界杯运营商送流量”　点击“开盖有惊喜”　兑换流量　填写中奖信息

爱奇艺·爸爸去哪寻宝（7月7日—8月3日）

活动介绍

活动期间，24省电信用户，登录爱奇艺客户端参与“爸爸去哪寻宝”活动，即可换取500M电信流量，还有机会抽取爱奇艺vip月卡。

活动效果

活动共吸引3.1万用户订购，最后几天更是有很多用户抢兑不到流量。

点击“发现”进入“活动”　点击“萌娃囧爸寻宝季”　集藏宝碎片　填写中奖信息

优酷随心看

江苏、辽宁、江西、湖南等省电信用户订购28元优酷随心看流量包会员业务，即可享有九大会员特权，每月还可获赠1G免费定向流量，12月1日起首次订购还可额外获赠12元话费。

进入“我的”“设置”

点击“购买特惠流量，优酷用户专享”

选择运营商、省份、套餐

发送短信订购

√

完成订购

（十）金融理财行业

金融理财行业

行业痛点 Pain Points	解决方案 Main Solutions
寻求差异点拉新注册用户	下载安装理财App即送流量
促进用户投资	参与投资即送流量

百度钱包（9月25日—12月31日）

活动介绍

上百度钱包1分钱专享，注册（或使用百度账号）登录，绑定银行卡，首次支付即可享有“100M电信流量包低至0.01元”的特权。

活动效果

活动从10月份正式开始推广，共带来2.8万份订购量。

活动流程

Setp1 Step2 Step3 Step4 Step5

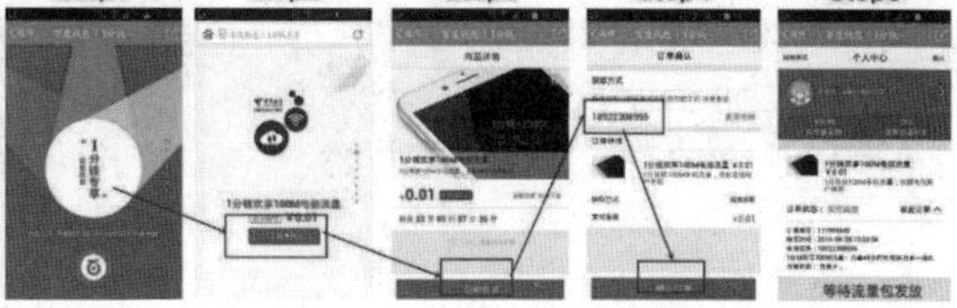

登录首页　选择流量包　确认订单、支付　填写手机号　等待流量充值

下载大智慧送30M流量

活动介绍

安卓用户下载安装8.0版送30M流量，一期限量10万份，适用电信安卓用户，赠送流量将于2个工作日内为用户充值，月末三天参加活动的用户，流量将在次月2号统一充值。

活动效果

电信用户下载即可领取30M流量，门槛较低，截至8月，活动共带来15万订购量，最高日订购量超过1万。

活动流程

扫描二维码　点击“下载送流量”　填写手机号　等待流量发放

网信理财送200M流量

活动介绍

注册、绑定网信理财即送200M+5元现金（直充银行卡）。次两个月每月还额外送200M流量，投资再送500M流量+最高150元红包。

活动效果

现金与流量奖励丰富，并且实时到账，活动效果显著：上线1个月以来，带来9.4万新订购用户。

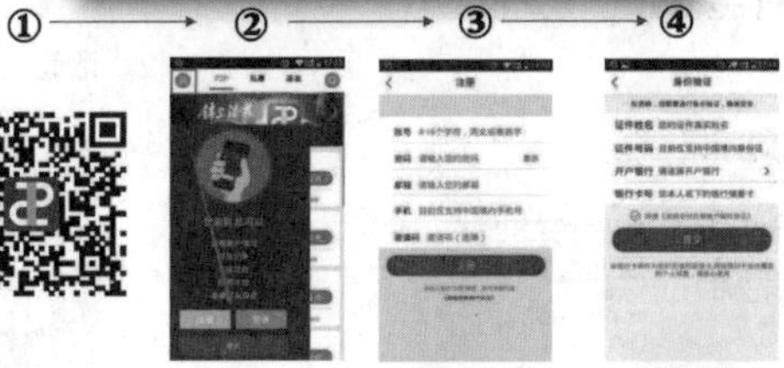

下载客户端　注册　填写身份证绑定银行卡　等待流量现金到账

欢乐合家最高送550M流量

活动介绍

即日起，新用户注册欢乐合家理财即可获得20元现金红包和50M全国流量包；投资理财任意产品可再获得500M全国流量包，限量1.5万份。

活动效果

无需下载客户端，安卓苹果用户在H5页面直接参与活动，上线5天即全部赠送完毕。

活动流程

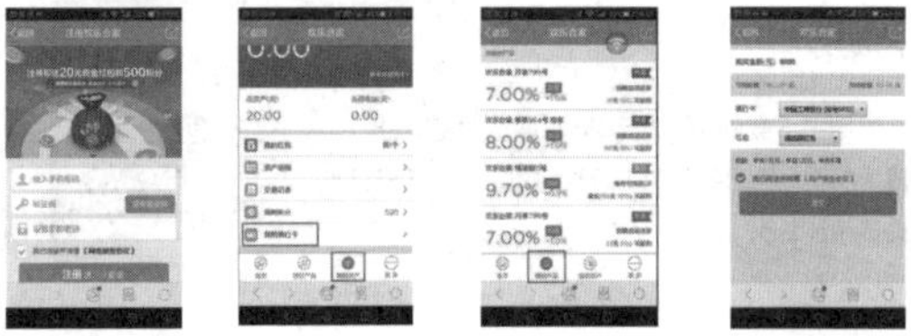

注册　绑定银行卡　理财产品　完成投资

（十一）旅游出行行业

旅游出行行业

行业痛点
Pain Points

- 普通用户转化为注册用户
- 用户活跃度不高
- 打车App获取新用户难

解决方案
Main Solutions

- 用户下载安装注册即送流量
- 用户成功通过客户端叫车、出游送流量
- 下载安装打车软件即送流量

滴滴打车送福利——最高60M好礼相送

活动介绍

即日起，新用户下载、注册成为滴滴会员即可获得10—30M流量，首次叫车额外送10—30M。

活动效果

第一周活动效果良好，上线7天即获得2.2万订购量。

去哪儿网·送100M流量活动

活动介绍

没有小毛驴，也没有大翅膀，没关系！去哪儿携手天翼流量800带你畅游免费流量世界！即日起，首次注册去哪儿旅行账号的安卓手机用户，到本次活动专属地址完成下载并注册，即送100M流量。

活动效果

用户注册即送流量，活动门槛较低，赠送流量多，活动推广1个多月，成功送出13万份流量。

活动流程

扫描下载　打开客户端　进入注册　完成注册

百度地图系列活动（1月6日—3月20日）

百度地图连续登录送流量

活动时间：2014年1月21日—2月6日
活动介绍：登录百度地图进入“工具”，点击“送福禄寿喜财1个亿，快来领”活动，即可参加签到流量。每日签到即可领取50M和150M两种流量包。

百度地图签到送300M流量

活动时间：2014年2月18日—3月20日
活动介绍：登录百度地图活动页面连续点亮2天可获赠150M流量，连续点亮5天可获赠300M流量，也可转增给符合规则的电信用户。

高德地图·点一点送流量

活动介绍

电信用户登录高德地图，每天点一点抢30—200M流量，累计最高获6G，首次100%中奖；抢到的流量也可转赠好友！

活动流程

第一步：手机下载高德地图后打开。

第二步：点击“附近”进入活动页面。

第三步：点击“点一点 流量赚不停”活动条，进入页面参与抽奖活动。

第四步：输入手机号码，获得验证码。

第五步：输入验证码，提交号码即可成功领取流量。

活动效果

活动共带来217.65万订购量。

（十二）电子商务行业

电子商务行业

行业痛点 Pain Points	解决方案 Main Solutions
成交量不高	免流量让用户随时随地购物
客户端下载及注册难以得到提升	下载安装注册购物App即送流量
节日营销方案无差异化	节日购物前×××名送流量

58同城金币换100M流量

活动介绍

即日起全国除内蒙古外电信用户上58同城，每日签到、抽奖、做任务赚金币，达到一定数量即可兑换100M流量包。

活动效果

9月10日上线至10月22日前，58同城通过自己渠道推广日均订购量在635个，放到天翼流量800和各省电信渠道推广后日均订购量达1841个，增长近3倍。

活动流程

登录、签到　金币商城　兑换流量　等待到账

蘑菇街新用户免费领1G 定向流量（2015年6月1日起）

活动介绍

活动期间，蘑菇街客户端新用户，只要完成注册，可免费领取1G定向流量包，限量2000份，仅限江苏电信用户。

活动效果

结合短信群发，效果较好，消耗迅速。

活动流程

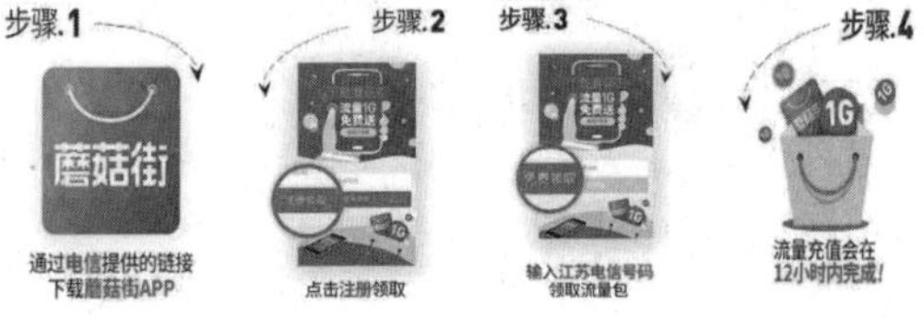

大众点评送5—1024M流量（2015年5月4日起）

活动介绍

首次安装大众点评，即送5M—1G流量。

活动效果

虽然App名声较大，但由于活动规格较小，活动效果一般，上线20天获得2.7万订购量，产生4.1万元收入。

活动流程

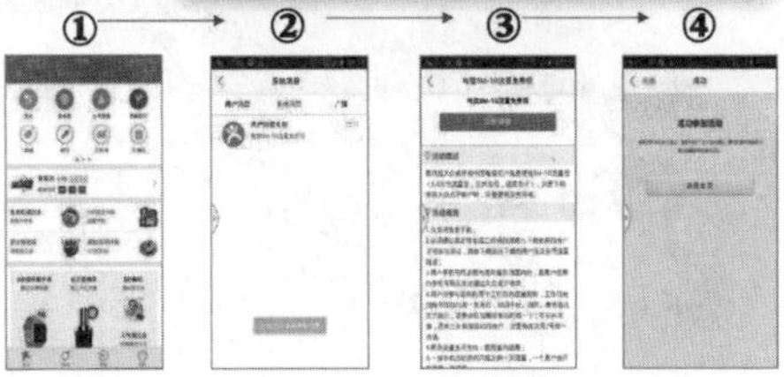

下载客户端　右上角站内信系统消息　立即领取　成功参与

折800送流量，让你happy一夏（2015年4月29日—5月31日）

活动介绍

安卓用户首次安装注册折800，即送10—30M流量。

活动效果

App名声较大，活动门槛较低，活动效果较好，获4.8万订购量。

活动流程

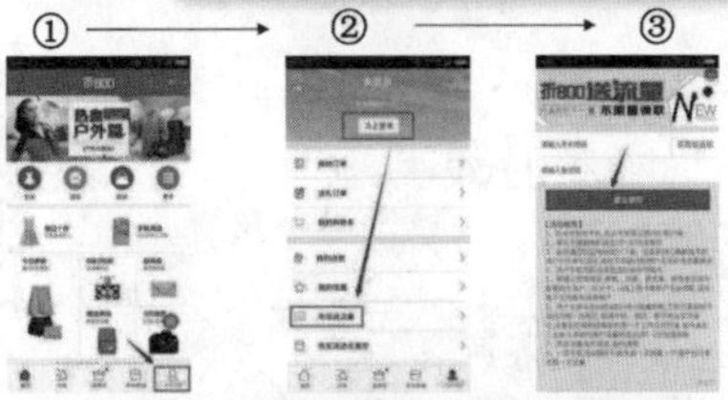

打开客户端　点击"马上登录"选择"电信送流量"　获取验证码等待流量发放

（十三）电子市场行业

电子市场行业

行业痛点 Pain Points	解决方案 Main Solutions
促进应用下载	免流量专区，用户下载其他应用软件免流量
新机下载App	下载安装即送流量

百度手机助手免流量

活动介绍

即日起，符合条件的广东省电信用户，可享受在百度手机助手客户端内下载带“免流量”标签的应用免流量特权。

活动效果

App名声大，门槛低，上线仅3天，即带来5万多的用户订购。

下载安装

符合条件的用户打开客户端可看到免流量专区

360助手免流量下载

活动介绍

即日起，活动范围内的电信用户，下载安装360手机助手，开通免流量权限，可享受在客户端内下载指定应用免流量特权！

活动效果

定向池业务开展瓶颈较多，效果一般。

03 中国移动百亿流量满天飞

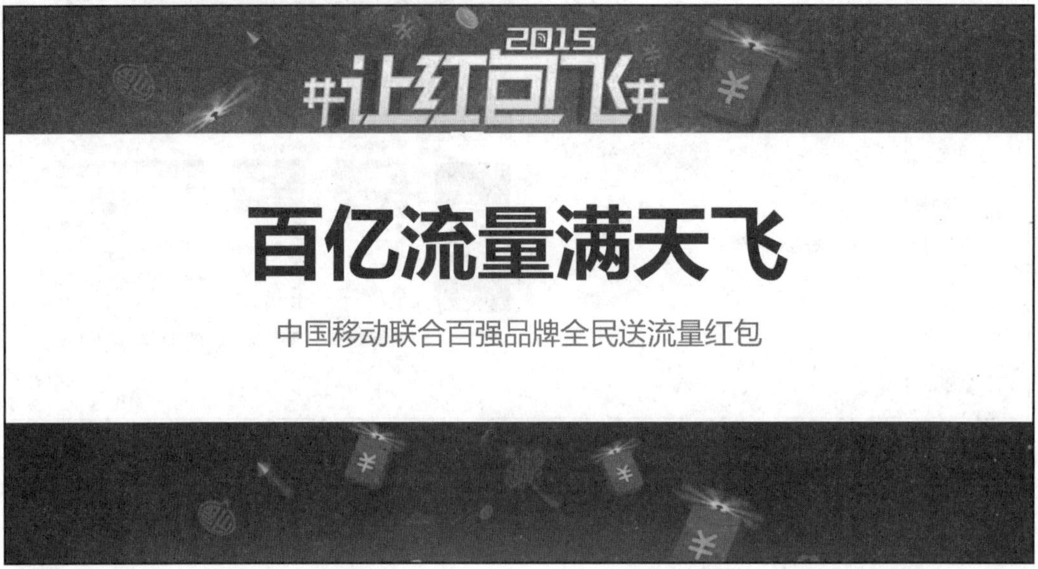

活动目的
商家
互动、吸粉、用户信息、产品销售
用户
红包、优惠、趣味

活动主题
红包
百亿流量满天飞
中国移动联合百强品牌全民送流量红包
红包

百亿流量满天飞
中国移动联合百强品牌
全民送流量红包

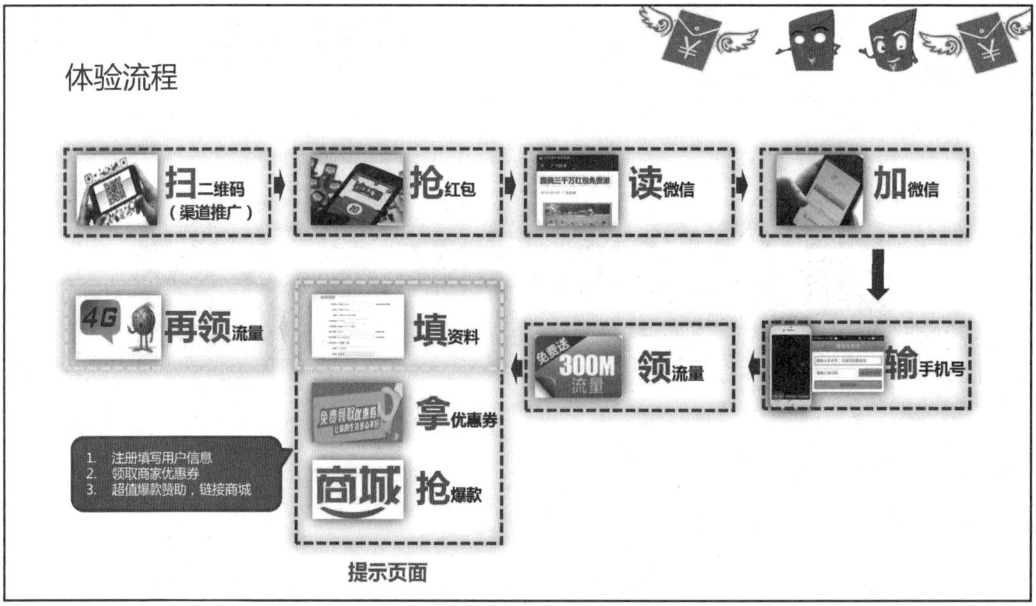
体验流程
扫二维码
（渠道推广）
抢红包
读微信
加微信
再领流量
填资料
领流量
输手机号
拿优惠券
1. 注册填写用户信息
2. 领取商家优惠券
3. 超值爆款赞助，链接商城
商城
抢爆款
提示页面

抢红包

读微信

加微信

输手机号

领流量

填资料**拿**优惠券**抢**爆款

再领流量

H5商城，定制开发

抢红包

读微信

加微信

输手机号

领流量

填资料**拿**优惠券**抢**爆款

再领流量

此处设定先读文章，可在此微刊进行促销宣传产品信息

抢红包
读微信
加微信
输手机号
领流量
填资料拿优惠券抢爆款
再领流量
广州国美
广州国美
WeChat ID：GomeGZ2002
功能介绍
强制吸粉
帐號類型
广州市国美电器有限公司
客戶服務電話
021-87518000
接收訊息
查看歷史訊息
查看地理位置
爸爸我爱你！
閱讀全文
关注微信
【夏至】预防中暑小常识
6月22日
延长保修
店长通讯录
在线客服
家电常识
门店查询
点击
领红包流量
国美服务

抢红包
读微信
加微信
输手机号
领流量
填资料拿优惠券抢爆款
再领流量
百亿流量满天飞
百亿流量满天飞
中国移动联合百强品牌
全民送流量红包
流量领取
请输入您的手机号码
立即领取
温馨提示
获取用户手机号码

抢红包
读微信
加微信
输手机号
领流量
填资料拿优惠券抢爆款
再领流量
恭喜
流量红包已经领取成功
系统会在7天内将
流量充值到您手机号码中
敬请留意
确 认

抢红包
读微信
加微信
输手机号
领流量
填资料拿优惠券抢爆款
再领流量
中国电信
16:19
百亿流量满天飞
百亿流量满天飞
中国移动联合百强品牌
全民送流量红包
领取更多流量
领取商家优惠券
爆款商品限时抢
领取更多流量：可以要求填写资料、下载App注册用户等
此处为销售引流，建议有一款产品爆款吸引进入商城

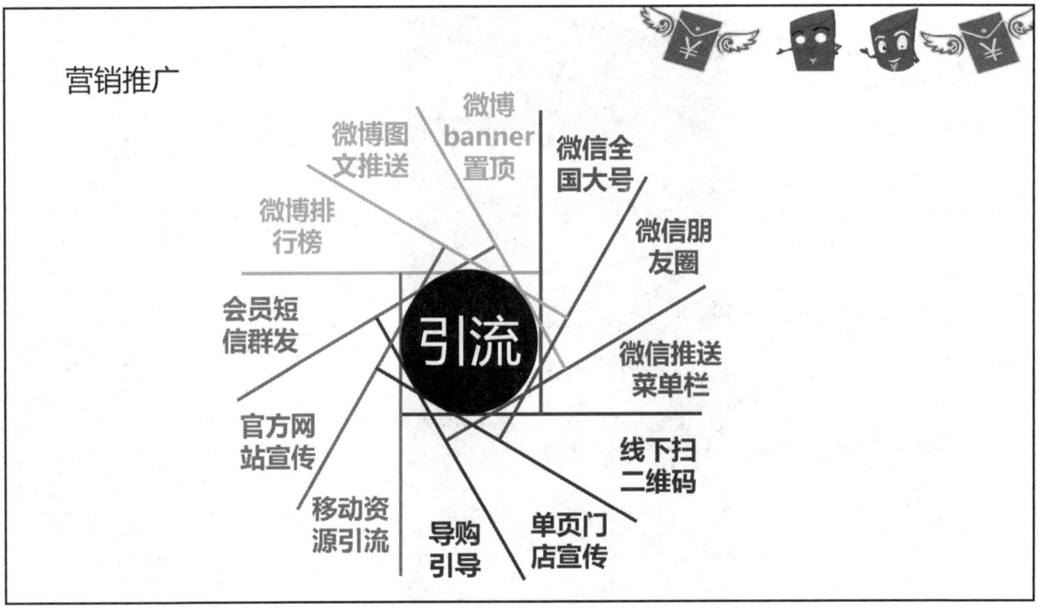
营销推广
引流
微博banner置顶
微信全国大号
微信朋友圈
微信推送菜单栏
线下扫二维码
单页门店宣传
导购引导
移动资源引流
官方网站宣传
会员短信群发
微博排行榜
微博图文推送

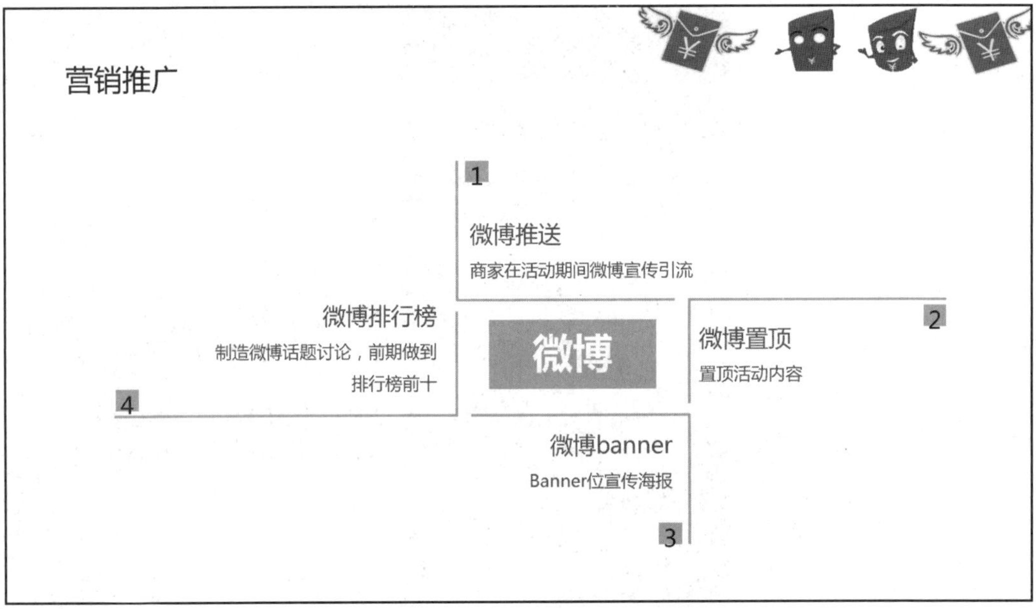
营销推广
微博
1
微博推送
商家在活动期间微博宣传引流
2
微博置顶
置顶活动内容
3
微博banner
Banner位宣传海报
4
微博排行榜
制造微博话题讨论，前期做到排行榜前十

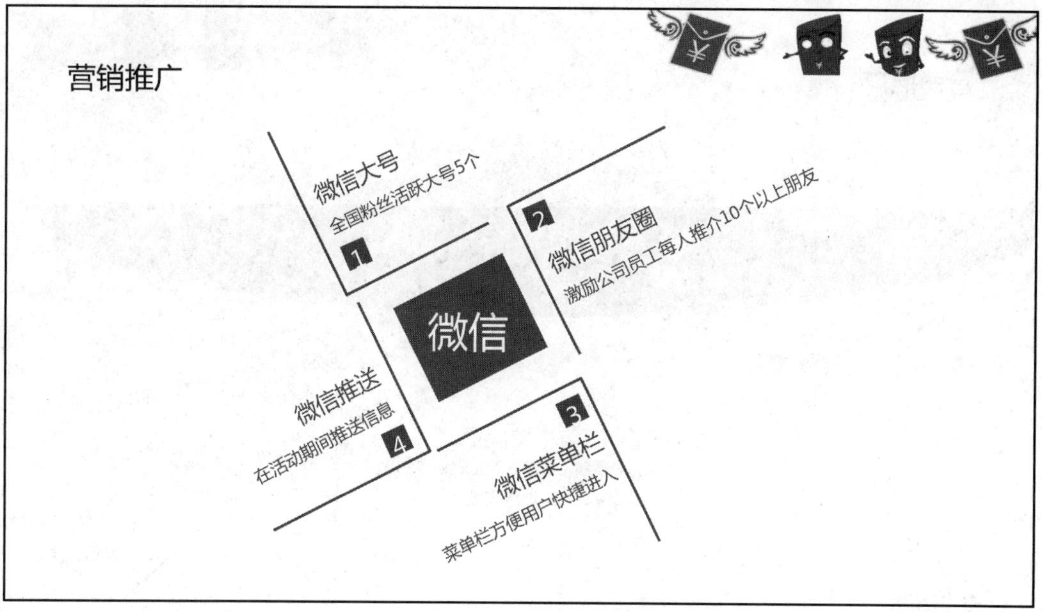
营销推广
微信大号
全国粉丝活跃大号5个
1
2
微信朋友圈
激励公司员工每人推介10个以上朋友
微信
微信推送
在活动期间推送信息
4
3
微信菜单栏
菜单栏方便用户快捷进入

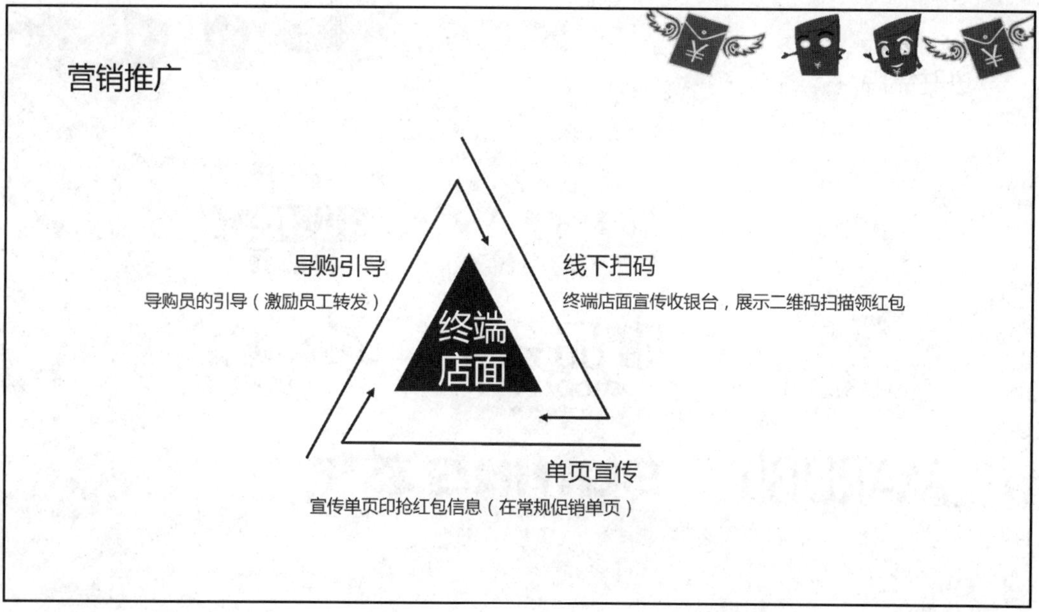
营销推广
导购引导
导购员的引导（激励员工转发）
线下扫码
终端店面宣传收银台，展示二维码扫描领红包
终端
店面
单页宣传
宣传单页印抢红包信息（在常规促销单页）

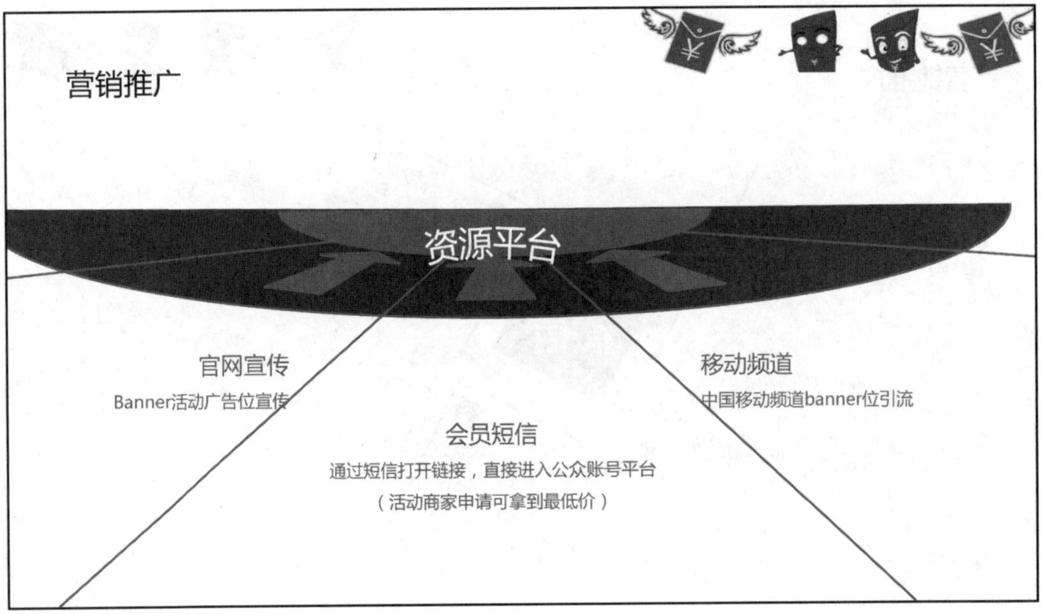
营销推广
资源平台
官网宣传
Banner活动广告位宣传
会员短信
通过短信打开链接，直接进入公众账号平台
（活动商家申请可拿到最低价）
移动频道
中国移动频道banner位引流

进驻品牌
中国移动
China Mobile
屈臣氏
watsons water
BIOSTIME
合生元
唯品会
vipshop.com
一家专门做特卖的网站
GOME
国美电器
MARUBI
丸美
SUNING 苏宁

合作条件

进驻商户购买红包流量（100万M）

提供微信商城接口对接

04 新时代流量营销

名传无线成立于2007年，是一家以无线产品为驱动力的移动数字营销机构，致力于整合无线产品及新媒体营销服务，充分发挥“无线+4A“的独特优势，帮助企业达到品牌传播、用户运营及价值转化的营销目标。

名传无线在电信增值业务和移动营销服务领域耕耘超过八年，是中国信息产业部批准的全网ICP，也是中国移动、中国联通、中国电信三大运营商的资深战略合作伙伴，为超过1万家的企业提供专业移动数字营销服务，积累了丰富的行业经验。

名传无线以自主研发的名传云平台为核心，形成了名传秒达短信平台、流酷流量平台、新媒体营销三大产品体系，并依托会员魔方、名传大数据平台等生态系统，为企业提供全面的移动数字营销解决方案。其中名传秒达短信平台为行业明星产品，在互联网+、金融互联网科技、快速消费品等行业处于领先地位；流酷流量平台基于流量让营销更酷的理念，整合流量产品+新媒体服务，打造最酷的流量营销方案，有效地实现拉新、留存和转化的营销目标；新媒体营销依托名传无线八年资深运营商资源，创意策划、媒介整合、跨界行业整合能力，为企业提供端到端的移动数字营销整体解决方案。

名传无线拥有一支专业的技术+广告的跨界核心团队，分别来自电信运营商、知名互联网企业及4A广告公司。名传无线在互联网+、金融互联网科技、快速消费品等行业发展超过1万家客户，先后为陆金所、PPmoney、国美电器、美的、丸美、中国移动、中国联通、中国电信等知名品牌提供优质的移动数字营销服务。

经过八年发展，名传无线在移动营销、文化创意领域先后斩获多项殊荣，包括2012最佳网络广告创意奖、2013年中国文化创意产业领军企业、2013最佳移动营销解决方案提供商、2014全球移动互联网大会年度成就奖、中国互联网金融2014年度最佳服务供应商。在移动互联网数字营销服务领域，名传无线已发展成中国无线4A的领导者。

名传无线定位

以无线产品为驱动力的移动数字营销机构

名传无线文化

简单、高效、感恩

名传无线理念

专注无线，跨界整合，提供从无线产品到策划推广的整合营销服务

名传无线使命

推动无线产品和4A广告融合，为企业提供优质的移动数字营销解决方案

名传无线愿景

成为中国无线4A的第一品牌

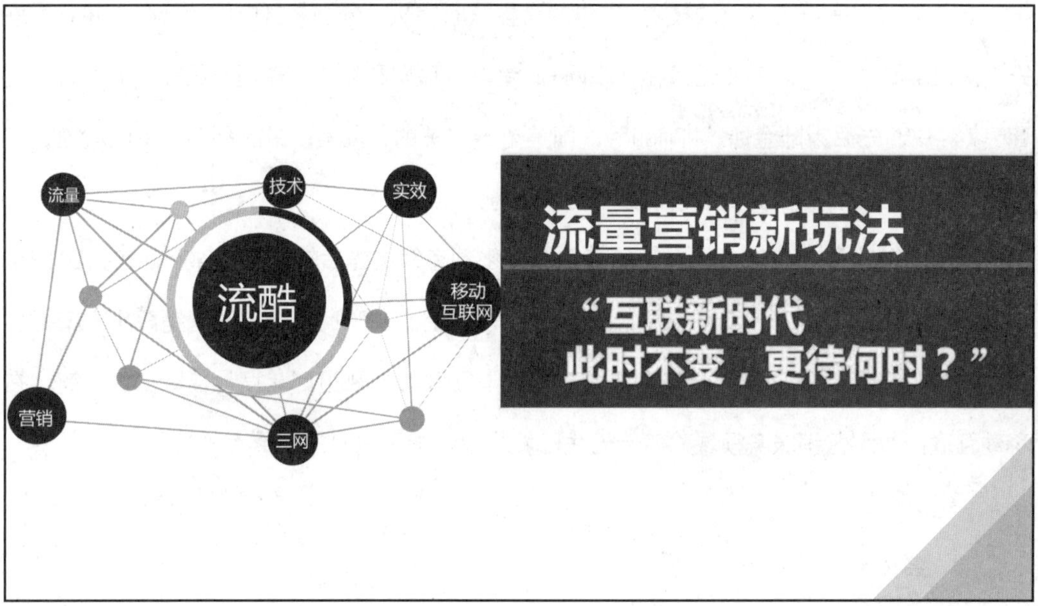
流量
技术
实效
流酷
移动互联网
营销
三网
流量营销新玩法
“互联新时代
此时不变，更待何时？”

（一）互联时代的营销之路

1.1 “那些年，我们一起追过的传播路！”
随着互联网时代进步，PC时代进一步过渡到移动互联网时代，营销也紧随着时代而变……
PC时代
四大门户
垂直网站
百度推广
网盟
sina新浪
搜狐 SOHU.com
網易 NETEASE www.163.com
腾讯
豆瓣
PConline 太平洋电脑网
汽车之家 autohome.com.cn
猫扑 mop.com
Baidu推广
新生产力引擎
Google
Moonbasa 梦芭莎 网站联盟
阿里妈妈.com alimama
MARKETING
拼创意
拼文案
整体方案
…

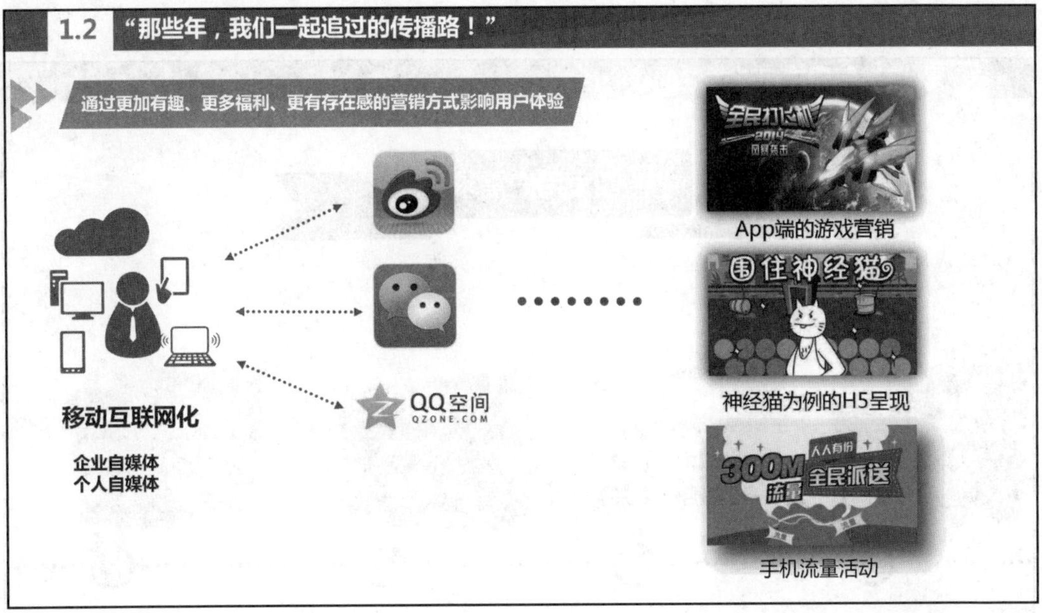
1.2 “那些年，我们一起追过的传播路！”
通过更加有趣、更多福利、更有存在感的营销方式影响用户体验
移动互联网化
企业自媒体
个人自媒体
QQ空间
QZONE.COM
App端的游戏营销
围住神经猫
神经猫为例的H5呈现
人人有份
300M
流量
全民派送
手机流量活动

流量
成为移动互联网营销下一个入口！

（二）流量对用户现状分析

2.1 流量是用户目前关注的核心话题

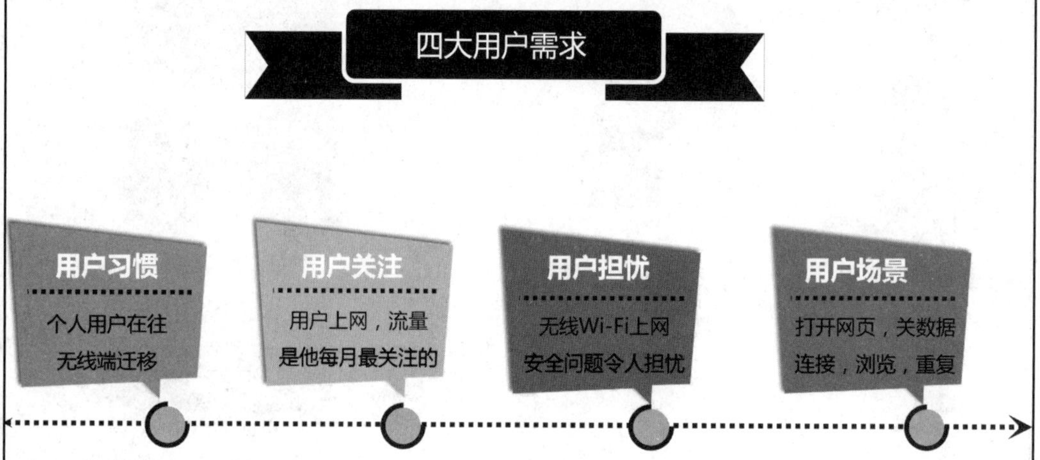

2.2 用户对于流量的使用分析

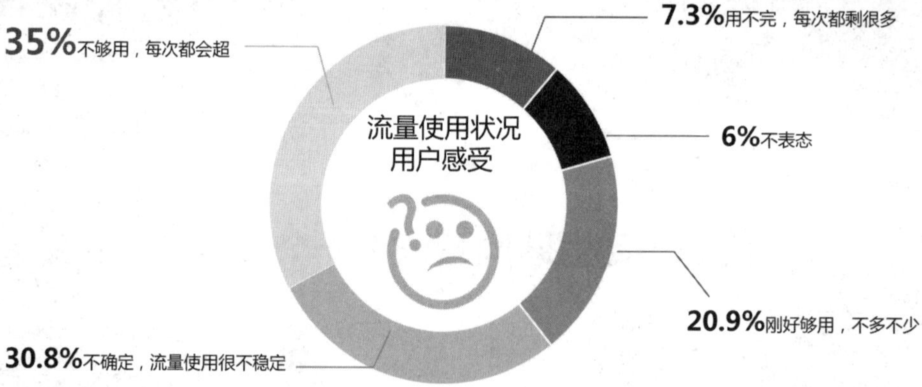

*数据来自《2015年中国手机流量使用报告（第一期）》

（三）什么是流量营销

3.1 流量营销新潮流，正当其时

1. 互联网公司都在玩，你还落后？

唯品会 vip.com 一家专门做特卖的网站　大众点评 dianping.com　UC浏览器　高德地图 amap.com　淘宝网 Taobao.com　滴滴打车

2. 传统行业也在转型，你还在等？

线下推广 → 线上推广 — 新媒体营销

早在2013年底，阿里宣布使用淘宝、天猫等客户端即可申请免费流量包。流量营销已有苗头。

3.2 流量活动科普及分类

Q. 什么是流量活动？

A. 企业向运营商采购流量，赠送给个人客户，个人客户免费领取流量使用，由企业进行付费。

三大流量分类（移动/联通称为流量800，电信称为天翼800）

- **通用流量**：不限定应用（全国通用，移动称为流量自由充）
- **流量红包**：省内使用的通用流量（即出省后不能使用）
- **定向流量**：个人客户访问指定App/网址/IP，所产生的流量由企业付费，个人免费

3.3 产品规格（通用流量）

中国移动

规格	价格（单位：元）
10M	3
30M	5
70M	10
150M	20
500M	30
1G	50
2G	70
3G	100
4G	130
6G	180
11G	280

中国联通

规格	价格（单位：元）
20M	3
50M	6
100M	10
200M	15
500M	30
1024M	100

中国电信

规格	价格（单位：元）
5M	1
10M	2
30M	5
50M	7
100M	10
200M	15
500M	30
1024M	50

流量红包

规格	价格（单位：元）
10M	2
50M	6
100M	10
200M	15

（广东省内移动用户使用）

3.4 流量产品规格（定向流量）

定向流量包

1. 定向流量包是指具有特定用途的流量包
2. 只能通过某个软件来使用的流量包，通常使用在App用户居多
3. 例如某个视频软件的流量包、听歌包、游戏包
4. 企业与移动结算按照C端客户消耗多少流量
5. 一般都是几十万以上的企业使用

定向流量池

1. 企业合作至少购买“T级”以上的流量包
2. 按照标准的套餐规格发给C端客户
3. 一般发出一个C端客户需要加收5元
4. 通常会选择较大的流量包，这样企业比较划算

（四）流量营销作用与案例

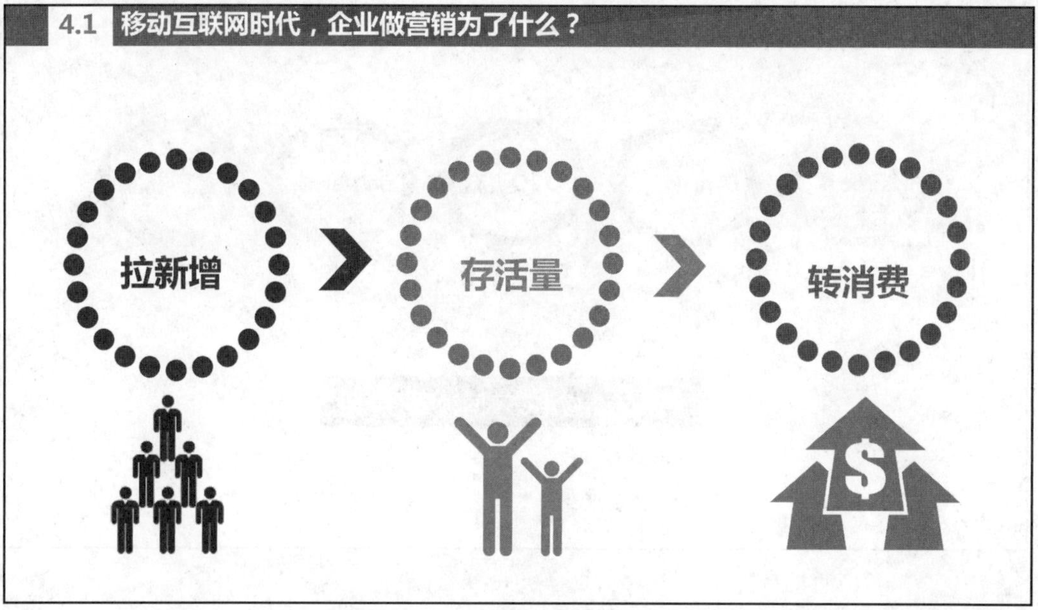
4.1 移动互联网时代，企业做营销为了什么？
拉新增
存活量
转消费
$

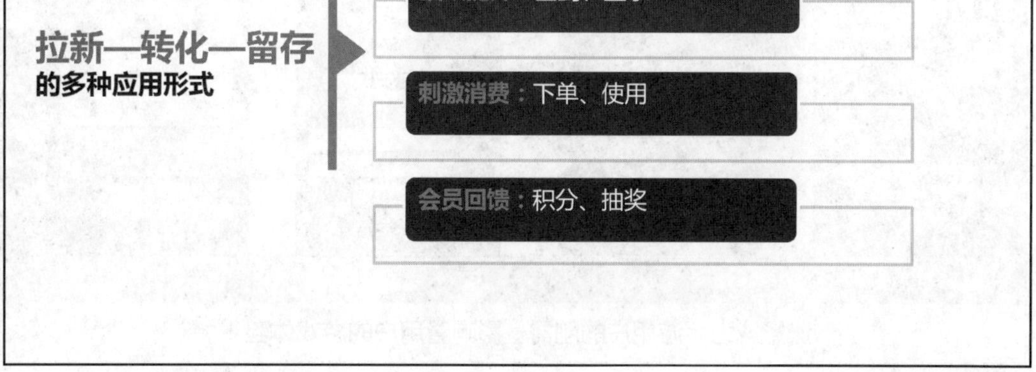
4.1 应用形式的流程概况
拉新—转化—留存
的多种应用形式
客户拉新：关注、注册
活跃提升：签到、登录
刺激消费：下单、使用
会员回馈：积分、抽奖

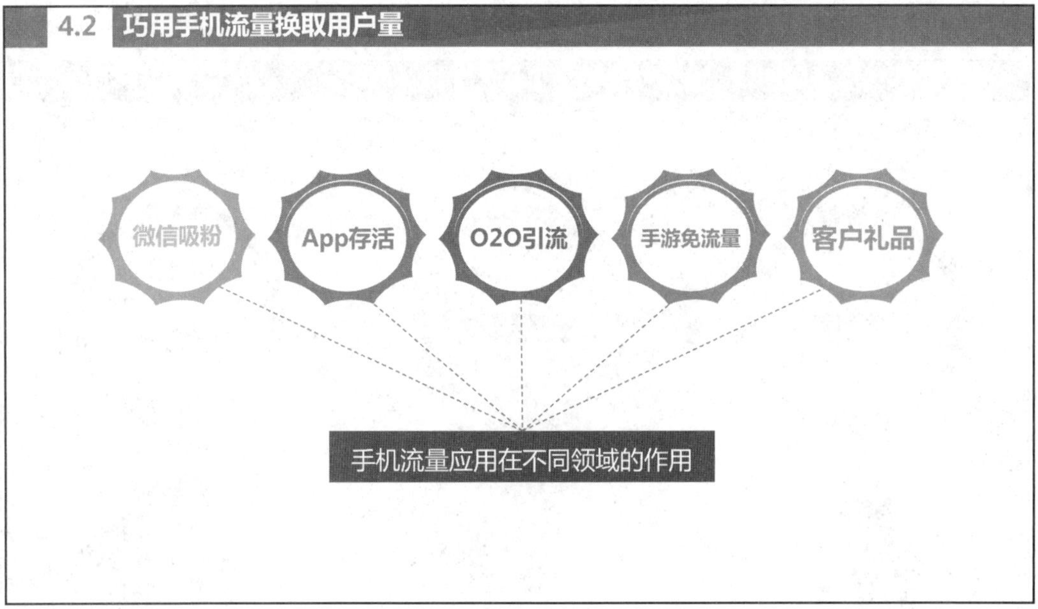
4.2 巧用手机流量换取用户量
微信吸粉
App存活
O2O引流
手游免流量
客户礼品
手机流量应用在不同领域的作用

手游行业案例：下载手游App，填资料送千万流量
腾讯游戏 Tencent Games
liucool 流酷
王者荣耀
全世界撸友 手机开团
千万流量大赠送
下载《王者荣耀》领取千万流量
安卓下载送流量
http://wx.vipboxi.com
LR9 E
登记领取流量
进入H5页面
> >
浏览器下载游戏App
> >
填写个人信息并登记
> >
系统识别分发流量
流量成为手游用户的刚需，影响着用户的游戏体验！

腾讯游戏
Tencent Games
liucool流酷
王者荣耀
全世界撸友
手机开团
全球首款5V5英雄公平对战手游
千万流量大赠送
流量成为手游爱好者的刚需
玩游戏并不一定在Wi-Fi状态下
手游行业进步意味着读取数据的增多
流量对于游戏体验的影响十分重要（如4G）
手游玩家对于衍生的流量使用更加迫切（如攻略网站、贴吧、游戏社区）
扫一扫
体验流程更实在
5v5
下载《王者荣耀》
领取千万流量
安卓下载送流量
若您在微信中打开本页
请点击右上角“在浏览器中打开”后下载
活动规则

汽车行业案例：凯迪拉克签合同，填个人信息送流量
Cadillac
liucool流酷
凯迪拉克中国
1亿4G免费流量
1亿流量活动规则
Step1:
Step2:
Step3:
提交成功！
进入了解详情 >> 完成签约送千万流量 >> 填写个人信息并转发 >> 关注公众号，获奖信息
流量营销应在汽车领域的销售转化

百度推广案例：填写推广意向问卷送流量红包
Bai du 百度
liucool 流酷
点我
百度推广公开课问卷调查
拯救推广汪
填问卷领百万流量红包
Goodbye, loser
流量红包
植入故事场景漫画
>>
点击屏幕互动
>>
填写个人问卷资料
>>
百度筛选潜在客户赠送
职业对流量的需求较大，利用流量红包吸引推广人员参与互动

互联网金融案例：小牛在线
小牛在线
liucool 流酷
牛气福利到，收益到达15%
200元红包+1G流量
随意领，牛逼你来造！
牛气福利到，
200元红包+1G流量
随意领！
首投就送10M，
还能获得200元红包
首投在2000元–5000元
之间送500M，（仅限投资期限>20天的定期产品）
首投大于5000元送1G，
（仅限投资期限>20天的定期产品）
立即领取
活动规则
1. 活动时间：即日起至2015年12月15日。
2. 本活动只适用于流量页面首次注册和投资小牛在线的用户。
3. 每个用户仅有一次机会获得200元红包赠送。
4. 流量会于完成首投后两个工作日赠送，月末三天参加活动的用户，流量将在次月二号统一充值。
5. 支付的红包将发送到您的小牛在线个人账户上，有效期为30天。
6. 为确保流量能成功到账，请确保您填写的所有信息真实有效。
7. 小牛在线客服热线：
400 777 1268
扫二维码
>>
APP注册用户
>>
投资金额
>>
赠送流量及现金红包
流量营销成为互联网金融拉新和转化重要手段

O2O案例：绿箭扫条码领流量

微信扫条码 >> 进领流量页面 >> 填写号码 >> 流量发放

□解决方案：微信扫任意绿箭产品条形码，即可进入抢30M流量专区，每日9点开抢，每天限量1888用户

保险证券案例：人保财险

关注微信公众号 >> 进入微信菜单栏 >> 了解活动详情 >> 输入个人信息领取流量

□客户需求：发展中国人保微信关注粉丝，增加微信公众号绑定用户。

□解决方案：电信用户关注微信公众号后，参加活动随机领取10M—1G流量，绑定个人信息再送500M，每周抽奖再随机获取100—200M流量

（五）流酷流量平台介绍

流酷：让营销变得更酷
liucool流酷 流量让营销更酷
中国领先的手机流量平台
• 流量分发 • 流量营销 • 个性定制
liucool 流酷
流酷（liucool.com）：名传无线旗下国内最专业的第三方流量营销平台，以打造最酷的流量营销方案为目标。

5.1 流酷流量平台作用与特点
流量分发给合作伙伴
腾讯游戏 Tencent Games
Bai du 百度
PPmoney
互联网企业、金融行业、游戏行业等等
liucool 流酷
三网整合
通用流量包
定向流量包
流量红包
平台特点
1. 资源：三网流量（移动、电信、联通）全国流量。
2. 平台：平台分发，接口触 发（SDK、API）。
3. 统计：智能结算，数据统计。

5.3 “流酷”自媒体资源渠道
利用“自家媒体”建立流量分发平台，最大化曝光
流酷微信号
名传无线微信号
流酷
500G流量免费领
免费送100M？还可秒变200M？
大波cp秀恩爱！1G流量送
史上最不公平的游戏！还送流量、电影票、300Mbps极速4G+手机！
这是一封“羞涩”的情书【看完不吐有惊喜】
最cool案例
免费流量
我的流酷
名传无线
您好！欢迎关注名传“秒达”验证码平台。
1、点击菜单【余额查询/充值】可查询集团账号余额，并为子账号充值，轻松便捷。
2、点击菜单【微客服】语音、文字客服咨询任意选
关于名传
短信产品
流酷
合作客户
经典案例
名传style
名传动态
名传服务

5.4 三网平台优质投放资源
广州移动投放资源
电信投放资源
广州移动APP投放频道
广州移动微信公众号
天翼流量800微信公众号
广州移动频道
幸运摇一摇
赚金币
我的金币
消费历史
摇一摇
玩转盘
看优惠
广州移动
尊敬的客户您好，这里是广州移动官方微信公众号。您可以
查看微会员优惠，更有机会享受充50元送200元优惠、使用在线实名登记等功能
送360元流量
送480元话费
会员优惠卡包
移动流量节
1元办宽带
查询服务
会员专享
业务办理
天翼流量800
欢迎关注“天翼流量800”，源源不断的免费流量活动等着您来参与！
【点击参与】免费流量活动，免费流量拿到手软。
【点击绑定】手机，绑定后可以让您进行更好地查询流量、与我们进行互动，快来绑定吧！
发送短信指令“108”至10001，即可查询流量到账情况哦！（江西省用户请登陆电信官网查询）
全国活动
分省活动
流量玩家

5.5 流酷服务范围及优势

5.6 主要服务行业

□化妆品行业	□房地产推广	□新车推广	□互联网金融	□证券业
□服装行业	□物业服务	□回店包养	□互联网教育	□保险行业
□商超行业		□客户引流	□互联网旅游	□银行行业
□食品行业			□互联网租车	□基金

5.2 “流酷”应用在哪里？
四大应用场景
App应用
手游应用
微信应用
网页应用
MB
推荐好友使用APP，赠送流量
游戏充值冲关，奖励流量礼包
用户参与营销活动，流量赠送
免费流量包刺激用户下载使用

（六）名传无线企业介绍

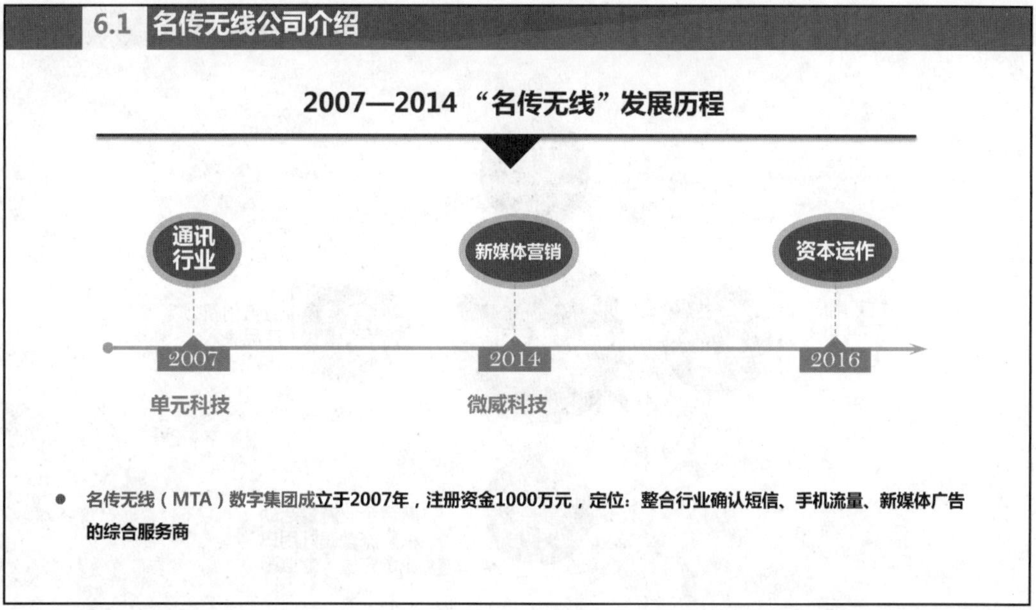
6.1 名传无线公司介绍
2007—2014 “名传无线”发展历程
通讯行业
新媒体营销
资本运作
2007
2014
2016
单元科技
微威科技
名传无线（MTA）数字集团成立于2007年，注册资金1000万元，定位：整合行业确认短信、手机流量、新媒体广告的综合服务商

品牌高度
GUANGDONG MOBILE INTERNET
移动互联网委员会
广东营销学会移动互联网专业委员会
Guangdong Mobile Internet Marketing Association Committee
传播移动互联网最新最好玩的创意和应用
帮助企业插上移动互联网的翅膀

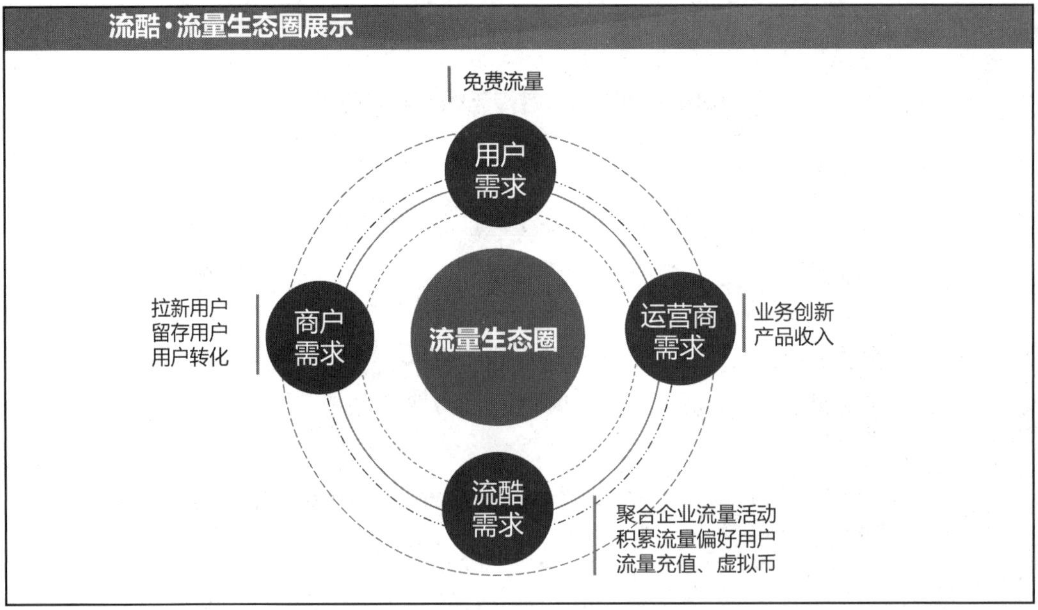
流酷·流量生态圈展示
免费流量
用户需求
拉新用户
留存用户
用户转化
商户需求
流量生态圈
运营商需求
业务创新
产品收入
流酷需求
聚合企业流量活动
积累流量偏好用户
流量充值、虚拟币

流酷平台三大功能模块
liucool 流酷
C端用户群
> >
流量活动
< <
后台管理
> >
维系与分析
< <
B端企业
参与流量活动
流量领取
会员中心
对资源管理、套餐配置、
活动模块等做出合理的针
对服务，并做出信息管理
推送
制作H5流量活动
选择流量
发布流量活动

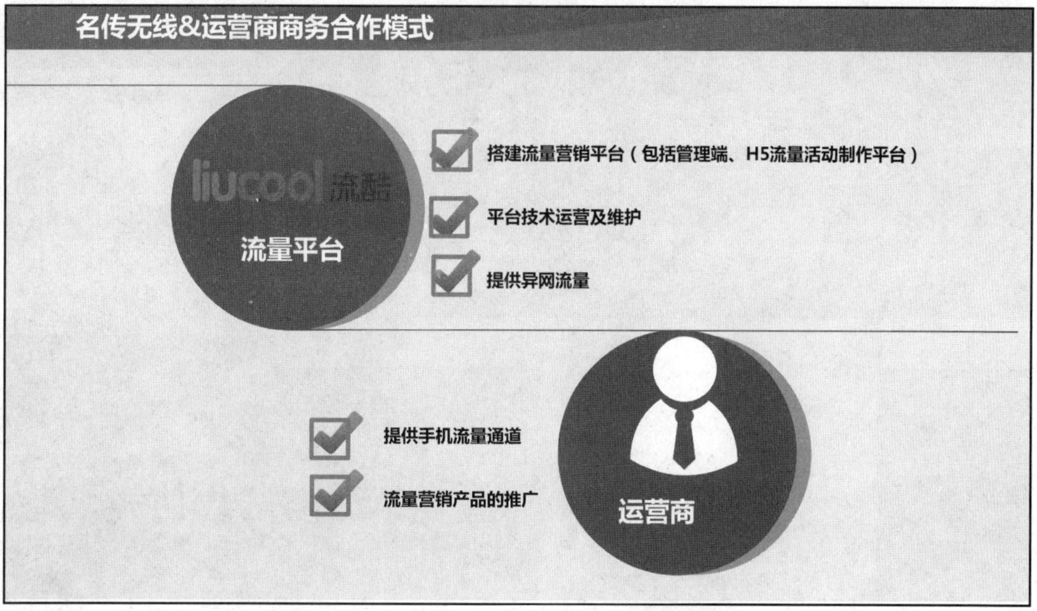
名传无线&运营商商务合作模式
liucool 流酷
流量平台
搭建流量营销平台（包括管理端、H5流量活动制作平台）
平台技术运营及维护
提供异网流量
提供手机流量通道
流量营销产品的推广
运营商

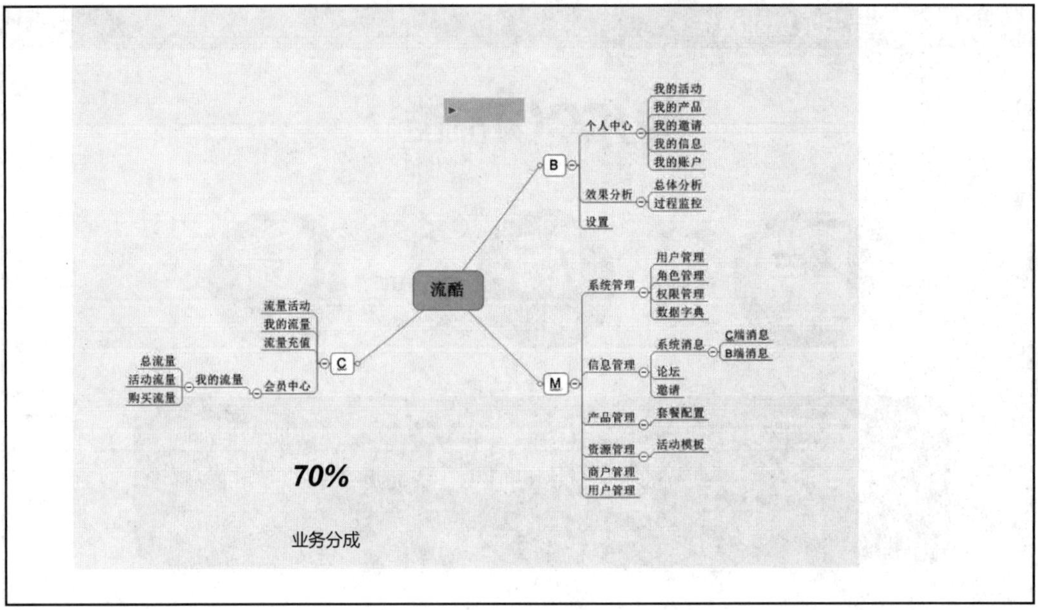
流酷
B
个人中心
我的活动
我的产品
我的邀请
我的信息
我的账户
效果分析
总体分析
过程监控
设置
M
系统管理
用户管理
角色管理
权限管理
数据字典
信息管理
系统消息
C端消息
B端消息
论坛
邀请
产品管理
套餐配置
资源管理
活动模板
商户管理
用户管理
C
流量活动
我的流量
流量充值
会员中心
我的流量
总流量
活动流量
购买流量
70%
业务分成

05 名传无线H5流量营销活动案例

（一）金融类

壹宝贷流量活动效果

流量营销活动介绍

- **活动时间：2015年12月**
- **活动主题：壹宝贷注册抢流量**
- **活动地点：全国**
- **活动方式：H5页面领取流量**
- **活动目的：新关注用户及用户投资**

https://www.pp100.com/wap/account/liucoolRegister?pfCode=liucool&channelId=lc

【壹宝贷】

企业介绍：

广东壹宝资产管理有限公司是一家构建互联网金融业务平台公司，壹宝贷作为全国首家在广州股权交易中心挂牌的P2P网贷平台，是P2P行业内新跳出的一匹黑马。在上线短短不到一年半的时间里，壹宝贷的运营不仅成为整个行业最稳健的平台之一，更创造了近6亿元的交易总额。

活动背景：

壹宝贷作为P2P的领导品牌，为了提高品牌的关注度，通过流量活动的植入，提升用户的活跃度。注册送50M，转发或邀请好友得更多，每人最高能得1G流量。通过社交媒体的分享方式，有效地提高了活动的传播效率，让更多的用户了解壹宝贷的品牌力量，为后期的销售转化画下重要的一笔。

活动效果：

参与活动人数为20462人；广州移动看优惠专区约16万访问量成功充值人数为17089；失败人数为3142人；提交失败人数227人；活动成功参与率为83.5%。

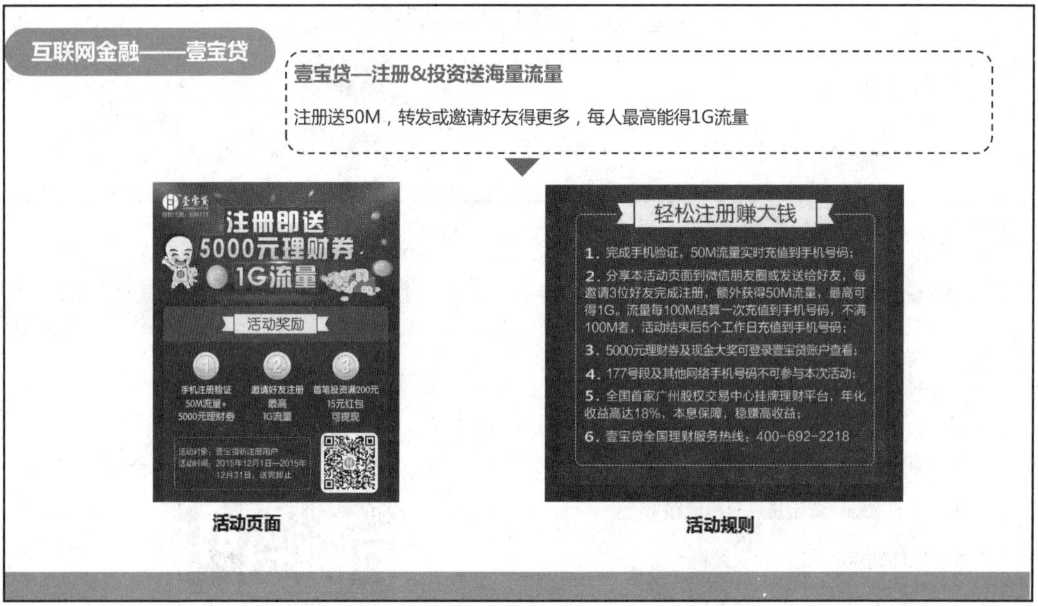
互联网金融——壹宝贷
壹宝贷—注册&投资送海量流量
注册送50M，转发或邀请好友得更多，每人最高能得1G流量
注册即送
5000元理财券
1G流量
活动奖励
手机注册验证
50M流量+
5000元理财券
邀请好友注册
最高
1G流量
首笔投资满200元
15元红包
可提现
轻松注册赚大钱
1. 完成手机验证，50M流量实时充值到手机号码；
2. 分享本活动页面到微信朋友圈或发送给好友，每邀请3位好友完成注册，额外获得50M流量，最高可得1G。流量每100M结算一次充值到手机号码，不满100M者，活动结束后5个工作日充值到手机号码；
3. 5000元理财券及现金大奖可登录壹宝贷账户查看；
4. 177号段及其他网络手机号码不可参与本次活动；
5. 全国首家广州股权交易中心挂牌理财平台，年化收益高达18%，本息保障，稳赚高收益；
6. 壹宝贷全国理财服务热线：400-692-2218
活动页面
活动规则

媒介投放
广州移动频道
壹宝贷注册就送
3000元理财券
1G流量
优惠活动
流量争锋榜
壹宝贷注册就送
3000元理财券
1G流量
流量讲堂
号码百事通-114 free...
壹宝贷注册就送
3000元理财券
1G流量
流量来了
主题活动
铜板街
咪咕视频
壹宝贷
免费领取50M-1G手机流量
咪咕动漫
E动生命
牛板金
广州移动App首页banner
广州移动App看有惠专区
中山114Wi-Fi媒介投放
流量来了App活动专区

活动效果

微信端

参与活动人数为20462人；广州移动看优惠专区约16万访问量

成功充值人数为17089 ；失败人数为3142人； 提交失败人数227人；

活动成功参与率为83.5%。

小牛在线流量活动效果

流量营销活动介绍

- **活动时间：2015年11月12日—12月11日**
- **活动主题：牛气福利到，流量随意领**
- **活动地点：全国**
- **活动方式：H5页面领取流量**
- **活动目的：新关注用户及用户投资**

活动链接：
http://www.xiaoniu88.com/partner/landing/w/sns?channelId=*****

【小牛在线】

企业介绍：

小牛在线隶属深圳市小牛电子商务有限公司，是国内首批由第三方做资金托管的创新型网络金融平台，成员汇集银行、信托、投融资、电子商务等领域的优秀人才，拥有多年的资产管理、债权投融资、信贷风险审评、电商运营等行业实战经验，致力打造一个集金融信息发布、线上理财交易于一体的综合型一站式平台。

活动背景：

年末各大互联网金融公司都开始发力提高用户的销售转化率。作为互联网+金融的龙头品牌，P2P平台的领导者的小牛拥有庞大的用户群体，为了新一年的营销战略做准备，利用流量活动促进用户的注册量和投资额，参与活动并投资即可送海量流量，最多可达2G。

活动效果：

>>Wi-Fi投放一周，广告每天20多万访问，收到70多万用户号码。

>>微信及App端投放，三周访问超过10万人，注册用户超过1万人 ，投资转化达10%以上。

互联网金融——小牛在线

小牛在线·注册&投资送海量流量

为了促进用户的注册量和投资额，参与活动并投资即可送海量流量，最多可达2G

banner位投放

活动项目选择参与，注册&投资均可赠送流量

媒介投放

广州移动App首页banner投放

广州移动App一大波流量来袭 二级页面

114Wi-Fi投放，跳转含有“小牛”活动广告的登录页面

媒介投放

天翼流量800 4个省投放

广州移动流量节

“流酷”企业自媒体号传播

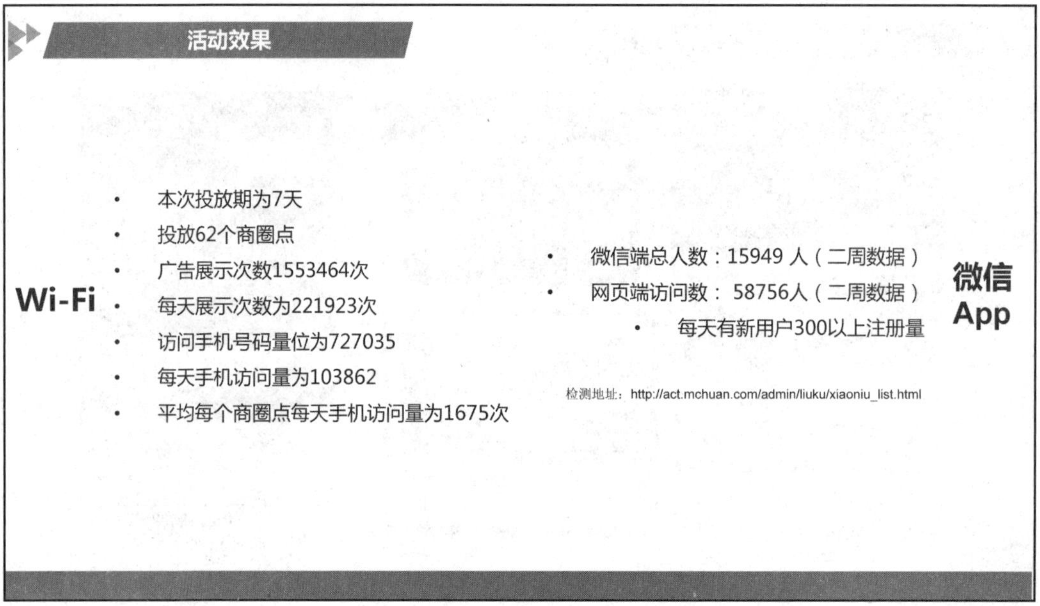
活动效果
Wi-Fi
本次投放期为7天
投放62个商圈点
广告展示次数1553464次
每天展示次数为221923次
访问手机号码量位为727035
每天手机访问量为103862
平均每个商圈点每天手机访问量为1675次
微信端总人数：15949 人（二周数据）
网页端访问数： 58756人（二周数据）
每天有新用户300以上注册量
微信
App
检测地址：http://act.mchuan.com/admin/liuku/xiaoniu_list.html

E理财流量活动效果
流量营销活动介绍
活动时间：进行中
活动主题：E理财喊你抢流量
活动地点：全国
活动方式：H5页面领取流量
活动目的：新关注用户及用户投资
活动链接：
https://www.pp100.com/wap/account/liucoolRegister?pfCode=liucool&channelId=lc

【E理财】

企业介绍：

E理财是全国首家将风险投资、上市公司、保险三者有机融合的平台。拥有全国独家首创“三阶闭环”风险控制与管理体系的平台，模式全国领先。E理财的运营团队以资深金融行业从业者为领导，以具备深厚专业背景的互联网技术、营销人员为中坚力量，团队实力强大！是中国第一家同时将上市公司、风险投资、保险等资源有机融合的互联网金融平台。

活动背景：

以年末用户回馈为噱头提升品牌在市场份额，利用流量营销的方式提高用户的活跃度和品牌忠诚度，用户参与活动注册就送50M，投资送100M。引流和维系方面获得很好的效果。

活动效果：

只投放App 3天，注册&投资达300+人，平均每天访问活动页面超过4000人次以上。

互联网金融——E理财

E理财·注册&投资送海量流量

为了促进用户的注册量和投资额，参与活动注册就送50M，投资送100M

banner位投放

活动项目选择参与，注册&投资均可赠送流量

1

媒介投放

广州移动App首页banner投放

流酷活动专区投放

流酷自媒体公众号文章推文

活动效果

微信端

- 活动还在进行中
- 每天通过活动页面进行注册&投资达300+人
- 每天访问活动页面超过4000人次以上

前海航交所流量活动效果

流量营销活动介绍

- **活动时间：2015年12月17日—2016年1月31日**
- **活动主题：100%中流量，6S大奖等你拿**
- **活动地点：全国**
- **活动方式：H5页面领取流量**
- **活动目的：新关注用户及用户投资**

活动链接：
http://b.vipboxi.com/flow/web/index.html?from=singlemessage&isappinstalled=0

金融行业——转盘抽流量，6S大奖

金融行业活动·微信号宣传及吸粉

线上、线下活动结合，从线下活动引流到微信公众号，并参与流量活动留存用户

查看活动规则　　**填写个人号码信息**　　**获得即时流量红包**

【前海航交所】

企业介绍：

深圳前海航空航运交易中心有限公司于2014年1月获深圳市政府批复成立，属于深圳市金融办监管的交易场所持牌机构，注册资金1亿人民币，以专业化的风险管控体系为基础，专注于熟悉的航空航运、物流和金融的专业化领域，旨在打造国内领先的互联网交易所投融资服务平台，为个人和机构投资者提供专业、高效、安全的稳定收益回报，通过互联网金融服务中国实体经济。

活动背景：

以年末用户回馈为噱头提升品牌在市场份额，利用流量营销的方式提高用户的活跃度和品牌忠诚度，提交手机号码注册就可通过大转盘抽取流量和iPhone 6S，百分百中奖，随机抽取用户可送10M、20M、100M、200M、500M、1G、3G流量和iPhone 6S，引流和维系方面获得很好的效果。

活动效果：

活动上线7天，注册&投资达20000+人，平均每天访问活动页面超过4000人次以上。

（二）食品类

自然享流量活动效果

- **活动时间：10月13日（一天）**
- **活动主题：自然享乐不停，120G流量免费送**
- **活动地点：全国**
- **活动方式：H5页面领取流量包**
- **活动目的：微信吸粉，分销系统转化销售**

活动链接：
http://act.mchuan.com/zrx_gg/info-1-70.html

【自然享】

企业介绍：

广东湘隆生态农业发展有限公司，简称广东湘隆，总部落于亚洲贸易中心——广东省广州市。在广州、长沙、福州三地设有分公司，是一家以产品销售为主导，批发为配套，集生产、开发、批发、销售为一体的干果食品集团公司。

活动背景：

湘隆干果企业作为快消零食的知名品牌，除了产品品质的保证，商业销售渠道也有独特的模式，在质量和渠道的两大因素驱动下，用户群得到质的提升。互联网时代到来，建立企业自媒体是大势所趋，微信吸粉成为湘隆干果的首要目标。因此，为了增加微信公众号的粉丝量，关注即可获得流量福利，并在H5页面展示湘隆干果独特的分销系统，诱导用户形成销售转化。

活动效果：

总计有2040人参与活动，平均每分钟8.5人在抢流量，活动半天新增会员2652人，同月增长率达200.3%。

食品电商—湘隆干果活动

公众号拉新，诱导转化

为了增加微信公众号的粉丝量，关注即可获得流量福利，并在H5页面展示湘隆干果独特的分销系统，诱导用户形成销售转化

填写个人信息资料　　领取流量红包　　植入分销商城的介绍　　用户了解分销系统，诱导转化

媒体投放

流酷

天翼流量800广东专区

活动效果

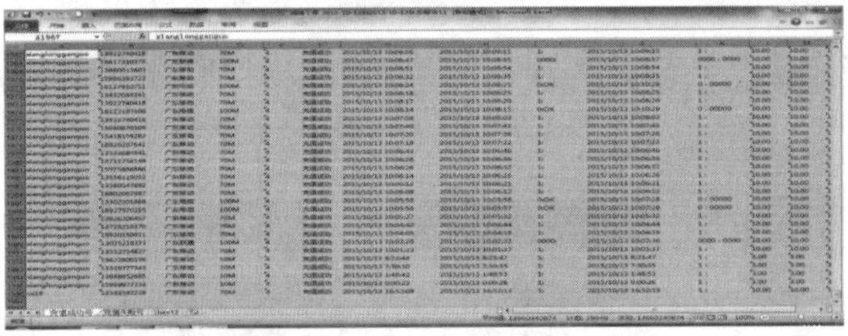

运营商性质	移动	联通	电信
抢得流量（M）	70	100	100
参与人数（人）	1527	310	203
参与活动人数：2040			

仅**4**小时抢完流量

总计有**2040**人参与活动

平均每分钟**8.5**人在抢流量

微信

（三）政府类

佛山反邪流量活动效果

- **活动时间：12月1—3日（3天）**
- **活动主题：大胆向邪教说不**
- **活动地点：全国**
- **活动方式：H5页面领取流量包**
- **活动目的：公益宣传，微信吸粉**

活动链接：http://act.mchuan.com/fsfx_flow/adduser-1.html?wid=303339352D303530

【佛山防邪办】

企业介绍：

“佛山反邪”作为佛山首个反邪教宣传教育微信平台，该公众号设置了有奖活动及新闻资讯等栏目，市民可通过浏览最新反邪教资讯，了解反邪知识，更可通过栏目预设的反邪视频，全面辨识何为邪教以及邪教危害。此外，微信还链接了健身养生、新市民服务等方面的最新资讯。

活动背景：

作为国内仅有的政府类微信公众号，利用互联网社交平台传播新闻及公益活动是一个重要的转变和突破。为了获取更多的本地市民关注，利用线上H5活动形式，关注微信公众号，点击活动参与，即可获得即时到账的流量红包。关注之后，日常流量活动抽奖，活跃了新关注用户。

活动效果：

本次微信活动3天，首发图文阅读量超过3000人次（原有5000粉丝公众号），活动参与互动人数高达24454人，活动期间粉丝增长达3000多。

政府机构—佛山反邪活动

佛山反邪公益活动

关注微信公众号，点击活动参与，即可获得即时到账的流量红包

点击弹出反邪口号

媒介投放

天翼800微信号，流酷活动专区投放

流酷自媒体公众号文章推文

活动效果

微信端

- 本次微信活动，首发图文阅读量超过3000人次。
- 3日活动参与人数高达24454人，其中成功充值占23454人。成功率达96%。
- 充值失败人数共1008人。充值失败原因：欠费、停机半停机状态或号码不支持流量充值等等。
- 活动期间（1—3日），粉丝增长多达3200+，净增长人数约为2500人。

新广告法流量活动效果

- **活动时间：2015年11月6日**
- **活动主题：新广告法知识问答**
- **活动地点：全国**
- **活动方式：H5页面领取流量包**
- **活动目的：公益宣传，广告知识科普**

活动链接：http://imeishi.com.cn:22200/m/adlaw/index.htm

【广州市广告行业协会】

企业背景：

广州市广告行业协会，是由广州地区从事广告行业的企业单位按自愿平等原则组成，具有独立法人资格的非营利性行业组织。本会原称广州市广告协会，成立于1986年11月。2006年12月21日，举行第五届会员代表大会，根据广州市有关文件的精神和《广东省行业协会条例》的有关规定，进行改制，实行民间化和自治性。

活动背景：

2015年年初，新广告法的修订条例，在业界成为了热门讨论的话题。作为广州市最具影响力的广告行业协会，传播新广告法的正确的思想教育成为协会的重要工作。为了让更多广告行业从业人员了解新法的修订，通过问答题的有趣形式让更多人参与其中。答对一定数量的题目即可获得即时到账流量的奖励。

活动效果：

当天流量沙龙的线下活动到场300多人，线上活动参与答题人数达**776**人，符合科普及文化传播的目的。

知识科普—广告法问答游戏

新广告法知识科普

新广告法以问答题形式为广告从业人员科普知识，答对一定题数即可获得流量

广告知识问题作答

活动效果

- 活动参与人数达776人
- 成功充值人数726人，充值失败50人
- 答对问题，充值成功率达95%
- 活动在社交媒体上广泛传播
- 答对率极高，符合科普及文化传播的目的

知识问答游戏红包情况

运营商性质	移动	联通	电信
可得流量（M/人）	50M通用流量		
参与人数	579	116	81
参与活动总人数：776人			

（四）游戏类

王者荣耀流量活动效果

- **活动时间：9月13日（一周）**
- **活动主题：手机开团，领千万流量**
- **活动地点：全国**
- **活动方式：H5页面领取流量包**
- **活动目的：新关注用户成为会员的引流、拉新**

【腾讯游戏】

企业背景：

腾讯游戏是腾讯四大网络平台之一，是国内最大的网络游戏社区。腾讯游戏采取内部自主研发和多元化的外部合作两者结合的方式，已经在网络游戏的多个细分市场领域形成专业化布局并取得良好的市场业绩。

活动背景：

《王者荣耀》是腾讯重金打造年度首推手游，是全球首款5V5英雄公平对战手游，腾讯最新MOBA手游大作，被称为手机版的LOL（英雄联盟）。在游戏内测期间，游戏的关注度并不高，如何在短时间内吸引用户关注是游戏生存关键一战。公测后，为了提高用户下载量，腾讯携手流酷定制了下载游戏即送手机流量的活动，用户获得了精准的刚需从而有效地提高了用户下载量。

活动效果：

上线一周，每日用户下载量达2000人以上，活动期间共增加用户总量5万人以上。

腾讯游戏—王者荣耀流量活动

腾讯游戏——增用户送流量

流量成为手游用户的刚需，影响着用户的游戏体验。通过送流量的方式，增加游戏下载量，引流更多的用户

下载安卓游戏客户端

炮炮兵流量活动效果

- 活动时间：10月20日（一周）
- 活动主题：N兆流量在我手，出手就知有没有
- 活动地点：全国
- 活动方式：H5页面领取流量包
- 活动目的：游戏用户下载App及注册

活动链接：
http://act.mchuan.com/qm_flow/index-1.html?wid=303339352D303530

【全民炮炮兵】

企业介绍：

《全民炮炮兵》是一款3D枪战手游，以萌系搞怪的炮炮兵为形象，并结合了FPS和TPS等射击模式。简单好操作的玩法，精致细腻的图画，Q萌可爱的炮炮兵造型，悦耳应景的背景音乐。同时在PK模式上增加了自由移动射击的操作体验。

活动背景：

新游戏的上线准备是游戏成败的关键因素，如果将营销策略发挥极致是一个重要环节。利用下载游戏送流量的方式，引流到游戏。用户亲身体验游戏玩法，留住精准的用户群。

活动效果：

活动上线一周，通过页面关注微信号达4000人以上，平均每日获取流量人数达400人次，活动期间，游戏在线人数达1万人以上。

手游—全民炮炮兵流量活动

新上线手游公众号吸粉，增加用户量

基于新游戏上线，通过“摇一摇”及流量福利等手段增强活动参与度，用户通过关注微信号才能领取流量，有效地解决了吸粉问题

填写个人手机号码　**手机“摇一摇”互动**　**获取流量福利**　**关注微信公众号，领取流量**

（五）医疗类

诺亚流量活动效果

- **活动时间：即将上线**
- **活动主题：500G流量免费领**
- **活动地点：全国**
- **活动方式：H5页面领取流量包**
- **活动目的：用户引流吸粉**

【诺亚流量】

企业介绍：

广东省脐带血造血干细胞库（以下简称“广东省脐血库”）由广东省妇幼保健院和广州市天河诺亚生物工程有限公司联合设置，是广东省妇幼保健院的分支机构，经卫生部批准设置并由广东省卫生厅验收取得血站执业许可证。

活动背景：

脐带血项目是广东省妇幼保健院和广州市天河诺亚生物工程有限公司联合设置的半公益性质活动，致力于保护广大母亲和小孩的健康。为了让更多用户群体关注这个公益性的项目，将用户引流到微信公众号，更好地了解活动理念，利用流量营销方式，用户只需要填写个人信息即可获取流量，通过参与活动的人群筛选目标用户。

医疗APP—参与即送流量

医疗App——关注活动送流量

填写个人信息即可获取流量，通过参与活动的人群筛选目标用户

填写个人号码信息

获得即时流量红包

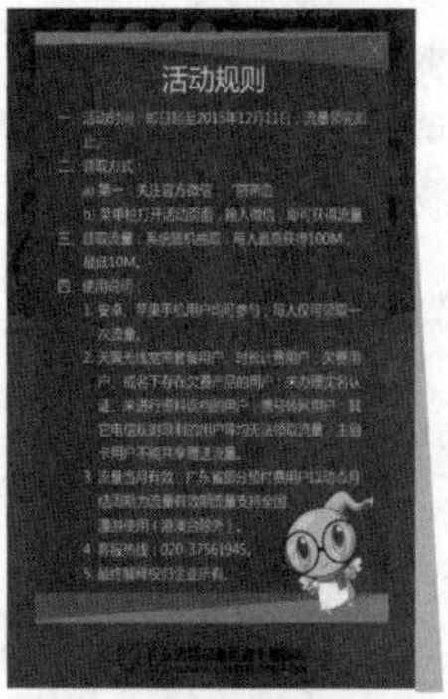

活动规则

（六）推广类

百度推广流量活动效果

- **活动时间：即将上线**
- **活动主题：拯救白领汪，填问卷领红包**
- **活动地点：全国**
- **活动方式：H5页面领取流量包**
- **活动目的：寻找需要推广服务的潜在客户**

【百度推广】

公司介绍：

百度推广基于服务数十万中小企业的经验，深刻理解企业推广的真实需求，利用自身搜索技术、流量资源等领先优势，将您的企业信息以丰富多彩的样式展现给有需求的客户，并促使其与您产生更多互动，最终达成交易，从而有效地帮您拓展客户。

活动背景：

百度为了寻找市场推广人员及精准目标用户，用调查问卷的活动方式来展示。将调查问卷植入特定的漫画场景，增强推广人员共鸣，填写个人信息和问卷并递交申请。审批后即可获取相应的流量奖励。

活动效果：

活动期间点击H5界面用户达5万人以上，填写个人问卷的人数达3万人以上，最后通过审批并获取流量的达1万人以上。

百度推广调查报告

填写调查报告送流量

百度为了寻找精准目标用户，用调查问卷的活动方式来展示。将调查问卷植入特定的漫画场景，增强推广人员共鸣，填写调查表获得审批后即可获得流量

进入页面

点击屏幕互动

输入相关资料

获取流量红包

06 著名流行歌手赵曼曼单曲《花落无香》流酷手机流量平台首发

流酷（liucool.com）是名传无线旗下国内一个非常专业的第三方流量营销平台，整合了移动、电信、联通三大运营商数据流量资源。流酷可为客户销售实现四大目标——客户拉新，活跃提升，刺激消费，会员回馈等，能简单、快捷、高效地为企业客户开展移动营销活动，包括微信吸粉、App激活、客户礼品、O2O引流、手游免流量等精准营销。

手机流量营销是一种全新的激励型营销方式，商家（App、游戏、广告主等）在做营销推广时，以手机流量包作为激励品，刺激用户参与活动，以达到营销推广的目的。如今，手机流量作为移动互联网时代手机用户的刚需，已经被越来越多的商家采购作为激励品。2015年上半年更是掀起一股手机流量营销热潮，各种流量红包在社交平台满屏飞。

据统计，与流酷合作的企业品牌已近500家，包括鹏金所、PPmoney、小牛在线等众多互联网金融企业，还有腾讯游戏、国美、自然享等也与流酷有深度合作。在2015年全球移动开发者大会中，流酷作为官方指定手机流量平台，为游戏行业的推广开创新思路，对游戏行业的快速发展有着不可磨灭的贡献。

作为手机流量营销的标杆产品，流酷在通信行业耕耘八年，不管是技术经验还是行业口碑都有非常高的保障。其中满足客户诸多场景、零开发是主要原因。在技术方面流酷可以提供开发者选项，API、SDK全程技术支持，为客户轻松实现对接。

案例：流酷流量——2015年全球移动游戏开发者大会官方指定流量平台

2015年11月19日，为期3天的2015全球移动游戏开发者大会正式拉开帷幕，本次大会由全球移动游戏联盟主办、成都市成华区人民政府、成都市博览局鼎力支持的数字娱乐全民庆典——中国（成都）数字娱乐节在成都“东郊记忆”举办。名传无线旗下产品流酷流量平台作为本次大会官方指定流量平台，以其行业领先地位为本次全球移动游戏开发者“大联欢”提供全新的手机流量营销体验，推动了这场“互联网+泛娱乐化”的革命性发展。

这场由流酷流量平台倾情赞助的“全球大秀”，以“泛娱乐孵化未来”为主题，邀请天拓游戏、畅游天下SVP、唐游网络、方块动漫等顶尖游戏公司高层同

时聚焦泛娱乐领域发展，邀请著名特效制作团队、白金作家、著名电影制片人、IP运营商等相关泛娱乐产业链上的大咖参与并演讲，共同探讨交流泛娱乐领域中相关核心议题，探寻泛娱乐孵化未来的发展之道，受到了相关行业的高度关注。流酷作为本届全球性峰会官方指定的手机流量平台，这无疑是对流酷——“营销神器”称号的一种高度认可。

经过和腾讯游戏“王者荣耀”的深度合作，流酷的手机流量营销解决方案已经成为游戏行业的领导者，开启了全新的移动游戏产业营销模式，为提升移动游戏企业可持续发展能力和竞争力有不可替代的重要作用。

案例：强强联合——著名流行歌手赵曼曼单曲《花落无香》流酷平台首发

2016年4月14日，著名流行歌手赵曼曼在名传无线的流酷平台首发由中国著名

著名流行歌手赵曼曼与著名音乐人小豆

音乐人小豆作词、作曲、制作的爱情歌曲《花落无香》。当天只要关注流酷二维码，就有各种手机流量大礼包送。歌曲描写的是一段唯美的爱情故事。《花落无香》的旋律令人沉浸其中，仿佛在诉说两个相爱的人，有一天因为信任、尊重抑或生活琐碎而有了裂痕。在生活当中爱情是美好的，但有时候它就像一杯咖啡，虽然喝起来有些苦涩，但是喝完之后总是让人回味无穷。当爱情走远的时候，回想起两个人在一起的快乐和幸福时光，原来爱情就如一场散场了的电影，抑或是一片片已经凋谢了的花瓣。

人美歌甜的赵曼曼温柔干净的嗓音和浑然天成的好歌喉唱起这首《花落无香》抒情歌曲很有味道，她的演绎，如鱼得水般地自在，如流云飘动地自然，为这首歌注入了灵魂。

07 流酷流量营销助力自然享，开启营销新纪元

零食以快消品、门槛低、单价低这些标签著称，它脱离性别、地域、年龄段的限制，这一现状告诉我们，网购零食市场的潜力毋庸置疑。这几年，坚果类品牌辈出，牢牢占据了零食类网络销售比重的60%。

2010—2015年短短5年时间，干果电商品牌经历了混战厮杀、群雄角逐时代，经过市场的多轮自主洗牌，已变得相对成熟。新农哥、百草味、三只松鼠先后成为行业领头羊，商家间的竞争也从混战转为单打独斗的营销之争！

自然享是国内干果行业的知名品牌，是干果电商豪强鼎足局面中不容忽视的一位。它推崇以移动互联网思维构建新型的商业形态与模式，致力于拓展在数据信息领域的发展空间。在干果电商竞争进入白热化阶段，自然享精准把握市场动向，注意到市场上很多大品牌的流量营销进行得如火如荼，于是大胆创新，迅速出位！

2015年10月，湘隆干果选择与流酷流量平台合作，率先开启干果电商营销新纪元。流酷为其量身定制，打造手机流量营销，提供活动策划、活动执行、媒介采购一站式服务。

在这次流量营销活动过程中，最直观的效果是自然享

品牌微信会员粉丝量急速猛增，且为其分销平台微网店引流，增强了流量转化的可能性，从而提高了品牌在移动互联网的曝光。戳中用户痛点及痒点的营销，才能极速引爆品牌传播。

一、活动概况

活动时间：10月13日

活动形式：搭建H5活动“自然享抢流量活动”

活动目的：新关注用户引流、拉新

二、活动流程

1. 搭建H5活动页面，创意简洁的活动形式，吸引更多粉丝关注。

2. 输入手机验证码，进行用户身份识别。

3. 输入验证码，用户获得流量。

4. 用户收到流量到账短信，确保用户体验。

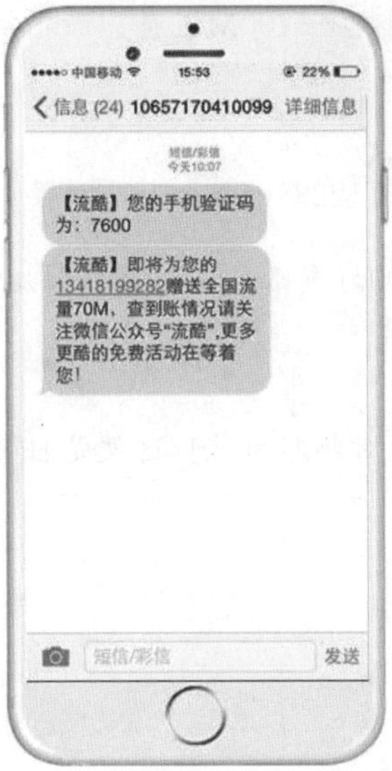

5. 嵌入创客介绍页面，为分销创客系统和微商城引流。

6. 活动效果

120G手机流量，在4小时内被领完，人均获取70—100M流量，新增粉丝2652人，覆盖近万人，转发率超过10%。

假设此120G流量，按每人获取10M计算，将有12288个粉丝获得奖品，为此活动转发的人数可超30000人；按一人平均朋友圈300好友来计算，将可引发900万人关注。

拿120G的流量价格，获取900万粉丝关注，绝对物超所值！这便是自带魔力的手机流量营销之魅力！

新时代的流量营销
湘隆干果
自然享

（一）流量活动

流量营销活动介绍
活动时间：10月13日（一天）
活动主题：自然享乐不停，120G流量免费送
活动地点：广东省内
活动方式：H5页面领取流量包
活动目的：新关注用户成为会员的引流、拉新
活动链接：
http://act.mchuan.com/
zrx_gg/info-1-70.html

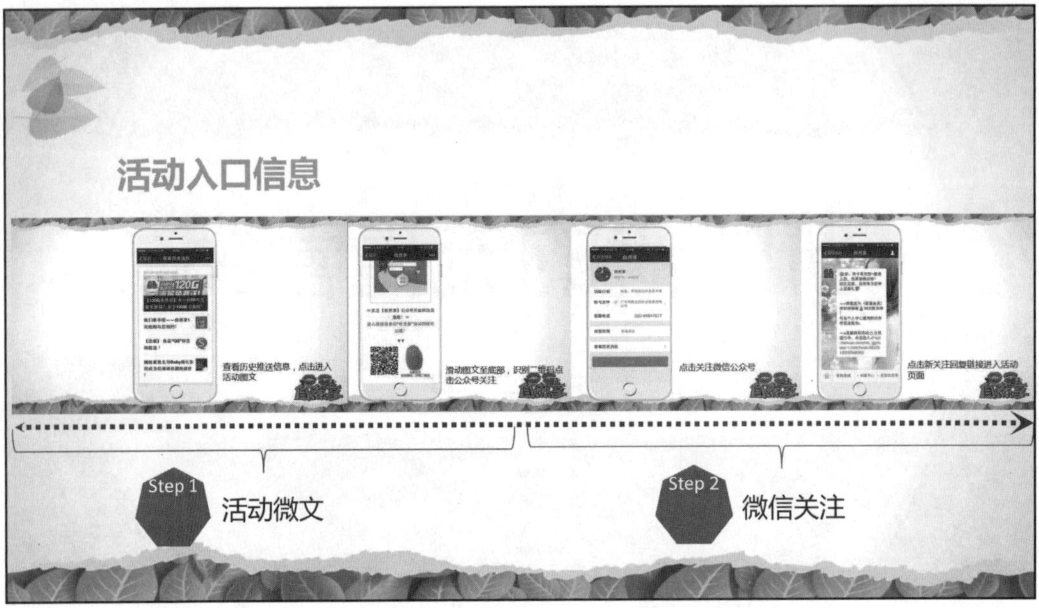
活动入口信息
查看历史推送信息，点击进入活动图文
滑动图文至底部，识别二维码点击公众号关注
点击关注微信公众号
点击新关注回复链接进入活动页面
Step 1
活动微文
Step 2
微信关注

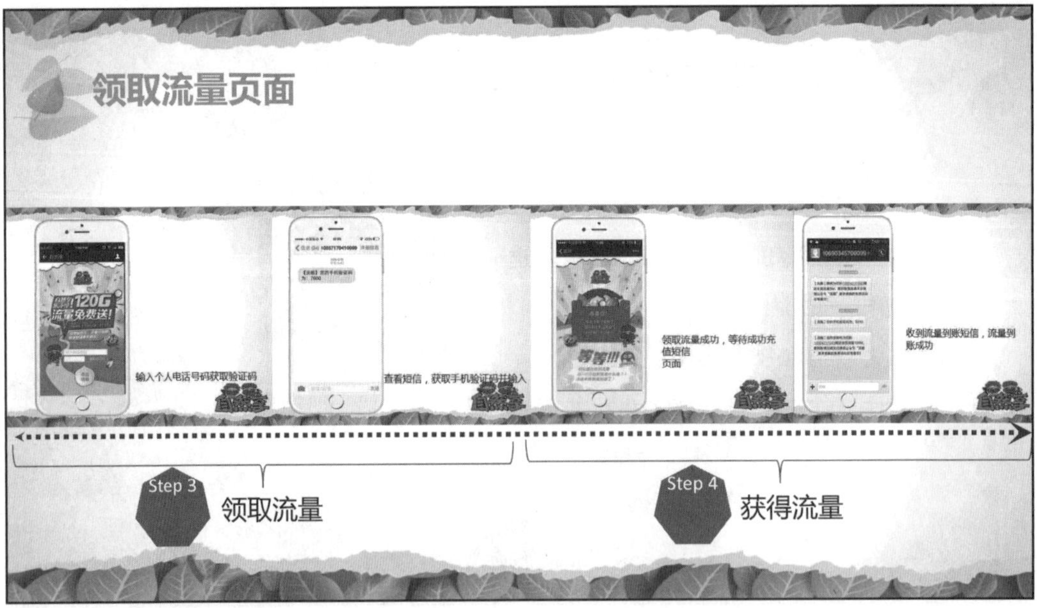
领取流量页面
输入个人电话号码获取验证码
查看短信，获取手机验证码并输入
领取流量成功，等待成功充值短信
页面
收到流量到账短信，流量到账成功
Step 3
领取流量
Step 4
获得流量

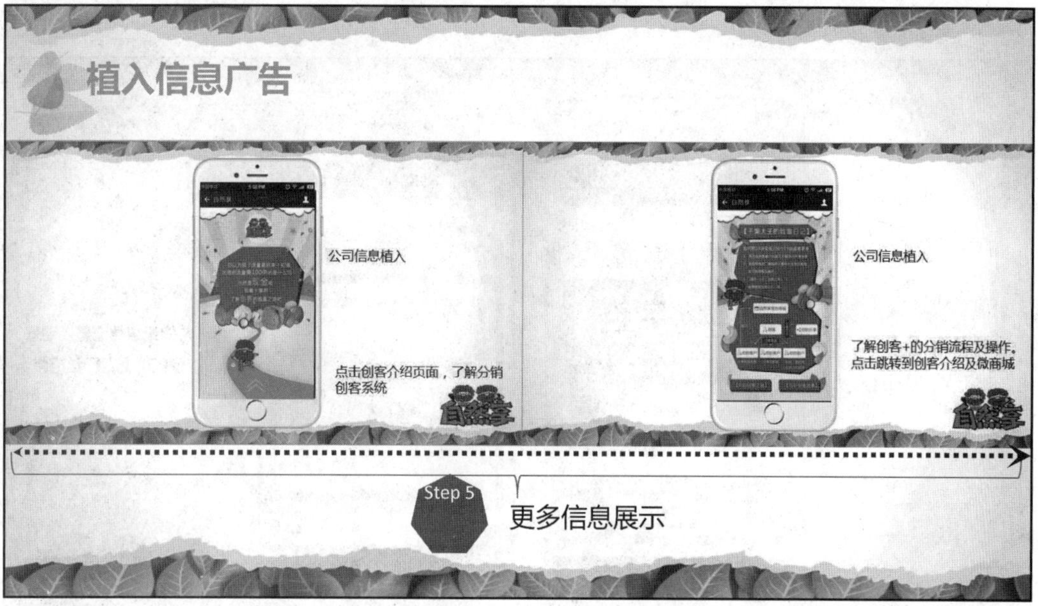
植入信息广告
公司信息植入
点击创客介绍页面，了解分销创客系统
公司信息植入
了解创客+的分销流程及操作。点击跳转到创客介绍及微商城
Step 5
更多信息展示

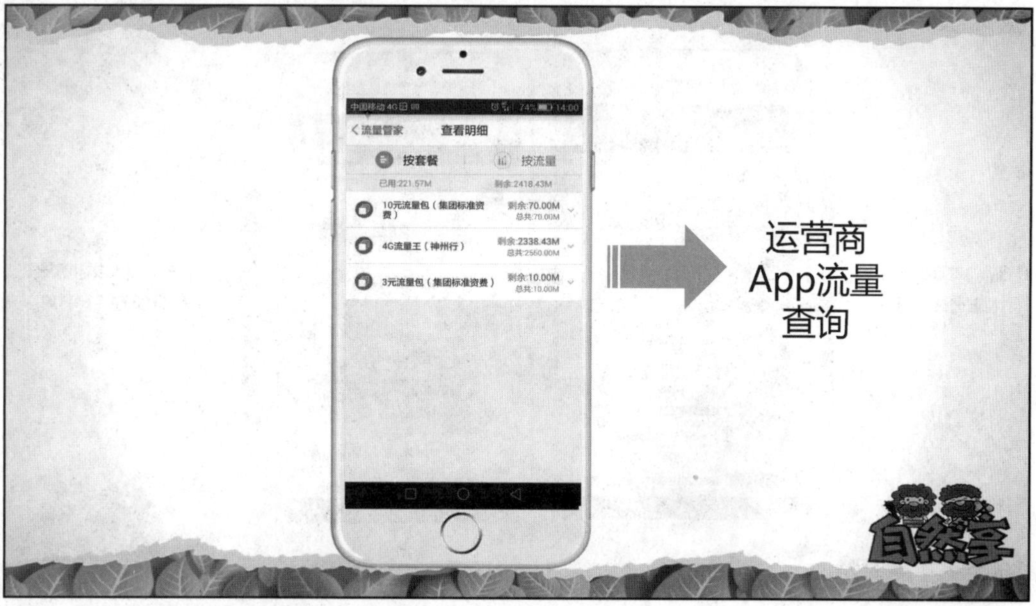
中国移动4G
14:00
流量管家
查看明细
按套餐
按流量
已用:221.57M
剩余:2418.43M
10元流量包（集团标准资费）
剩余:70.00M
总共:70.00M
4G流量王（神州行）
剩余:2338.43M
总共:2560.00M
3元流量包（集团标准资费）
剩余:10.00M
总共:10.00M
运营商App流量查询

（二）媒体传播

自然享
查看全文
自然享 玩不停！120G 流量免费送！
120G免费领】有一种RP叫流量免费领 至少100M 你服吗?
我的分销
二维码名片
创客指南
流量疯抢
享购商城
创客中心
走进自然享
【自然享】
企业自媒体号传播
流酷
查看全文
【120G免费领】有一种RP叫流量免费领！至少70M 你服吗?
10月13日
【120G免费领】有一种RP叫流量免费领！至少70M 你服吗?
轻轻的你来了，却把福利带走了！
查看全文
最cool案例
免费流量
我的流酷
【流酷】
名传无线的流量活动号
覆盖达上万粉丝用户
自然享

本省免费流量
广东
全国
有一种RP叫流量免费领！
2015-10-13至2015-10-14
广东电信用户大福利！
2015-10-08开始
老黄带走了Angelababy，谁来
2015-10-10开始
让流量来安抚你弱小的心
2015-10-08开始
羽泊超市送福利，流量、购物
【天翼流量800】
现在有600万粉丝用户
覆盖面达20万
朋友圈
杨志鸿
【120G免费领】有一种RP叫流量免费领！至少70M 你服吗?
陈志波
恭喜【流酷】合作伙伴【自然享】，【自然享】用【流酷】流量奖励新注册用户，转化率提升50%以上，手机流量营销是拉新的投资回报最高的营销选择！
【120G免费领】有一种RP叫流量免费领！至少70M 你服吗?
广州·名传无线MTA数字集团
【微信朋友圈】
进行一两百人发起朋友圈
传播面达5万—10万用户
自然享

（三）活动效果

微信增加会员
昨日关键指标
新关注人数
2652
日 22000%
周 1373.3%
月 33050%
取消关注人数
837
日 20825%
周 3387.5%
月 20825%
净增关注人数
1815
日 22587.5%
周 1063.5%
月 45275%
累积关注人数
3318
日 123.7%
周 139.6%
月 200.3%
趋势图
2015-10-13
新关注人数-全部 2,652
活动半天新增会员2652人
同月增长率达200.3%
新关注人数-全部

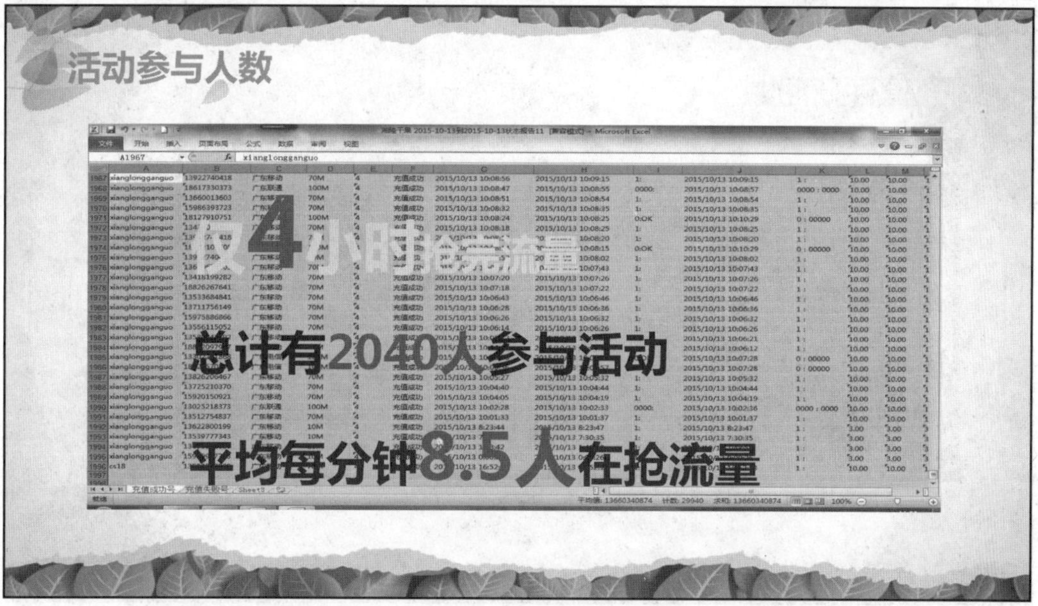
活动参与人数
4小时抢流量
总计有2040人参与活动
平均每分钟8.5人在抢流量

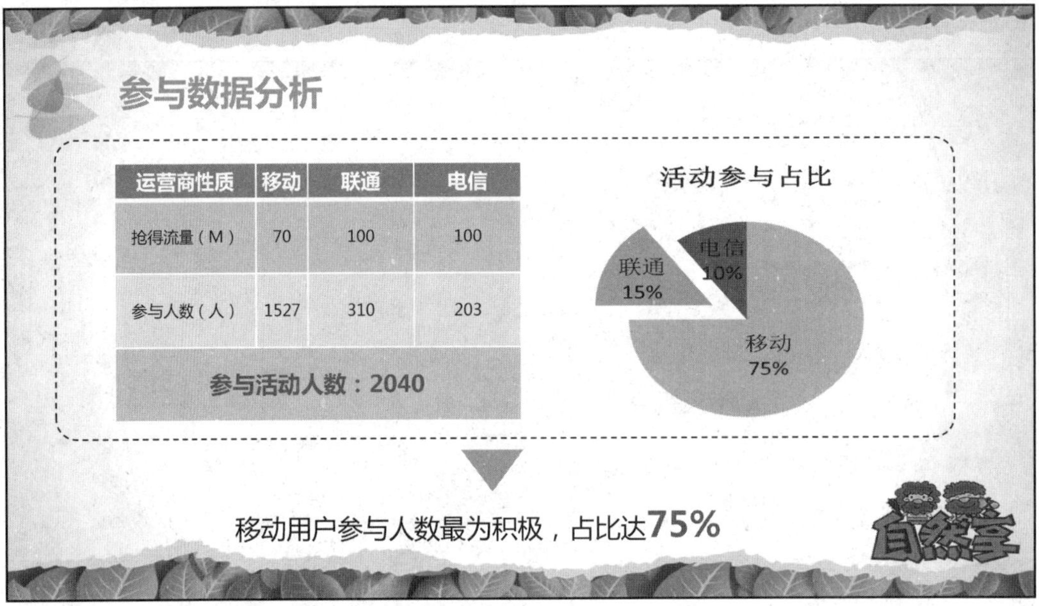
参与数据分析
运营商性质 移动 联通 电信
抢得流量（M） 70 100 100
参与人数（人） 1527 310 203
参与活动人数：2040
活动参与占比
电信 10%
联通 15%
移动 75%
移动用户参与人数最为积极，占比达75%
自然享

充值存在问题
本次活动充值
失败人数共48人
自然享

（四）湘隆企业介绍

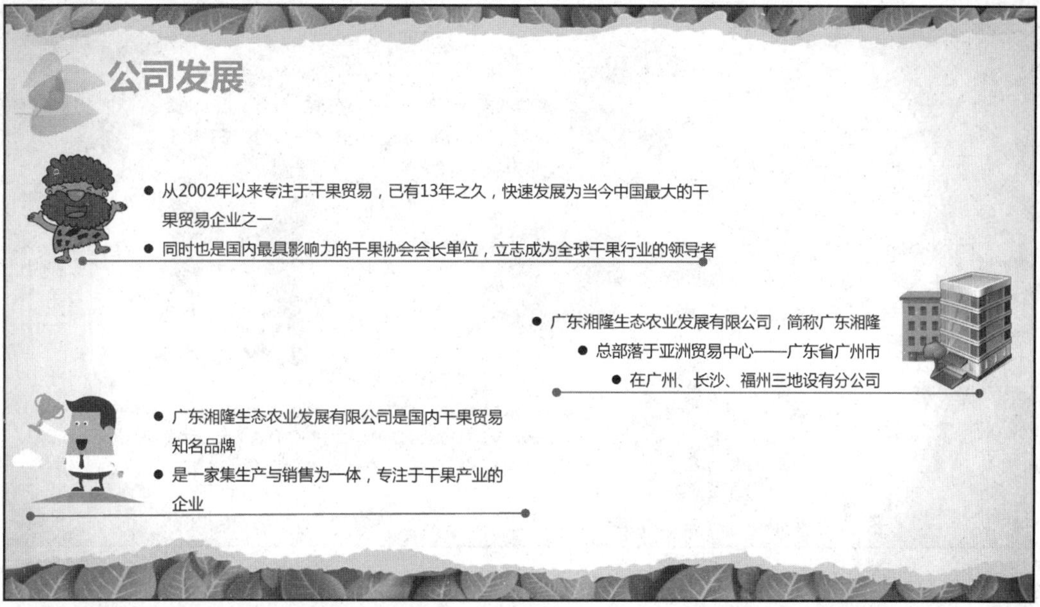
公司发展
从2002年以来专注于干果贸易，已有13年之久，快速发展为当今中国最大的干果贸易企业之一
同时也是国内最具影响力的干果协会会长单位，立志成为全球干果行业的领导者
广东湘隆生态农业发展有限公司，简称广东湘隆
总部落于亚洲贸易中心——广东省广州市
在广州、长沙、福州三地设有分公司
广东湘隆生态农业发展有限公司是国内干果贸易知名品牌
是一家集生产与销售为一体，专注于干果产业的企业

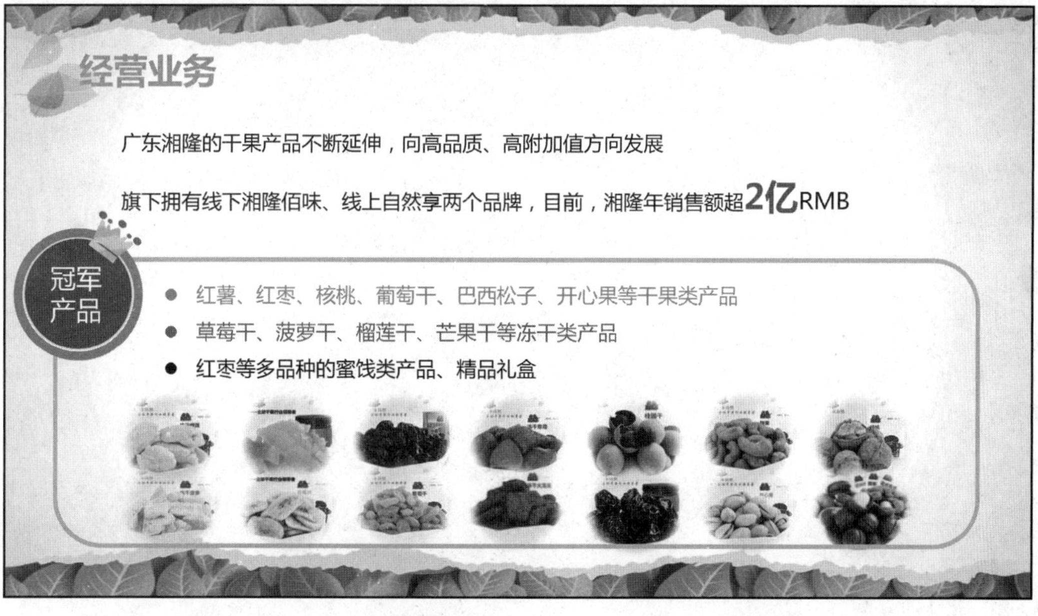
经营业务
广东湘隆的干果产品不断延伸，向高品质、高附加值方向发展
旗下拥有线下湘隆佰味、线上自然享两个品牌，目前，湘隆年销售额超2亿RMB
冠军产品
红薯、红枣、核桃、葡萄干、巴西松子、开心果等干果类产品
草莓干、菠萝干、榴莲干、芒果干等冻干类产品
红枣等多品种的蜜饯类产品、精品礼盒

湘隆的企业文化
价值观
湘隆的核心价值观——人立于诚、事精于心、业盛于信、和则致远、谨记于心，立志成为全球干果行业领导者
理念
广东湘隆坚持“品牌强企的理念，力争建成干果为王、资产优良、产品优质、业绩优秀”的现代企业。湘隆人秉承“寻找世界上最好的干果”的使命。
未来发展
未来，广东湘隆将积极响应国家产业政策，大力发展原生态、健康、放心的干果食品，拓展终端消费市场，将广东湘隆打造成为全球领先的干果企业。大力发展零售业务，为投资者创造丰厚回报，实现“成为全球领军的干果企业”的品牌愿景！

08 广州市广告行业协会教你玩转H5流量营销

2015年新广告法颁布后，广州市广告行业协会牵头，联合名传无线旗下的流酷流量给华南众多企业上了一堂精彩的互动营销课：课堂内容以新广告法为引子，利用成熟的H5技术结合半亿3G流量奖励，发起了年轻消费者热衷的互动抢流量营销。

其实在这个互动营销为王的时代，85后、90后与上一代人有着巨大的差异，若从营销角度来细看他们的差异，那就是无论对待娱乐、社交、生活，他们的态度都是“你若端着，我便无感”。为什么呢？最主要的原因是，对70后来说，我们的体验首先受到审美需求的驱动，而审美必然需要距离，因此，70后才会把“逼格”挂在嘴边，在我们心目中最美的往往是最接触不到、远远挂在天边的那些人或物；而对90后来说，刺激他们消费欲望的头号驱动力则是“参与”，对品牌的需求是好玩、可玩，甭管三七二十一，先一头扑进怀里玩闹一番再说。总之，是“你若端着，我就无感”。企业若要赢得这个群体消费者的青睐，在策划针对性的营销活动时，需要去了解他们的喜好，做出他们喜欢的营销，俘获他们的芳心。

（一）活动概述

活动概述

- **活动时间：11月6日**
  活动内容：新广告法知识问答游戏
  活动地点：广东省内
- **活动方式：H5页面领取流量包**
- **活动目的：为大众科普知识，传播文化知识**
- **短信发出：2065条（验证短信+到账通知短信）**

二维码及活动链接

活动链接：http://imeishi.com.cn:22200/m/adlaw/index.htm

（二）领取流程

领取流量步骤展示
好好学习 天天向上
新广告法
知识问答
主办：
法律指导单位：
广东省工商局广告处
鸣谢：
TIMES SUNNY
liucool流酷
开始答题
游戏规则
点击游戏链接，进入H5页面
6

领取流量步骤展示
游戏规则
●根据问题判断对错，每答对一题得10分，共10道题。
●答对六题以上（得60分以上），获得流量奖励。
●答对五题以下（含5题），可重新挑战。每个手机号码仅有一次获奖机会。
●后台自动识别运营商，移动用户奖励70MB，电信、联通用户奖励100MB；限广东省内用户，立即入帐。
✕关闭
查看活动规则，了解活动细节

领取流量步骤展示

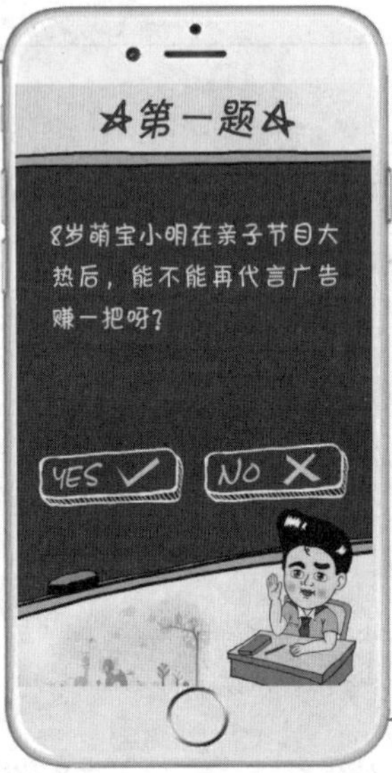

进入游戏，开始答题

领取流量步骤展示

回答正确得分，不正确不得分

领取流量步骤展示

回答正确得分，否则不得分

领取流量步骤展示

答对6题以下不能抽奖，可重新答题

领取流量步骤展示

答对6题以上，即可进行抢流量活动

领取流量步骤展示

输入手机号码及短信验证码

领取流量步骤展示

显示领取流量的数额并确认

领取流量步骤展示

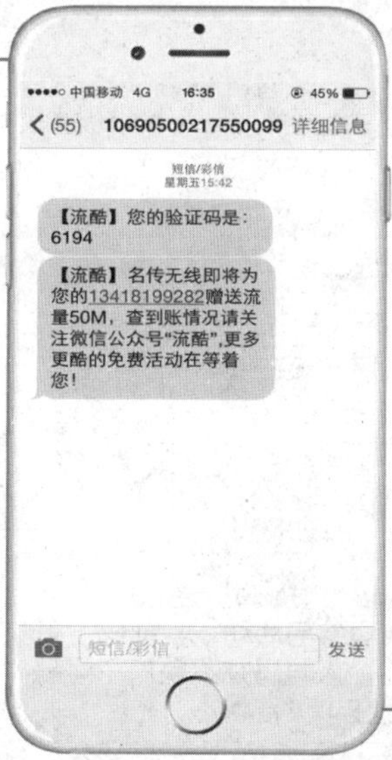

获取短信确认流量到账

（三）活动总结

活动参与人数

知识问答游戏红包情况			
运营商性质	移动	联通	电信
可得流量（M/人）	50M通用流量		
参与人数	579	116	81
参与活动总人数：776人			

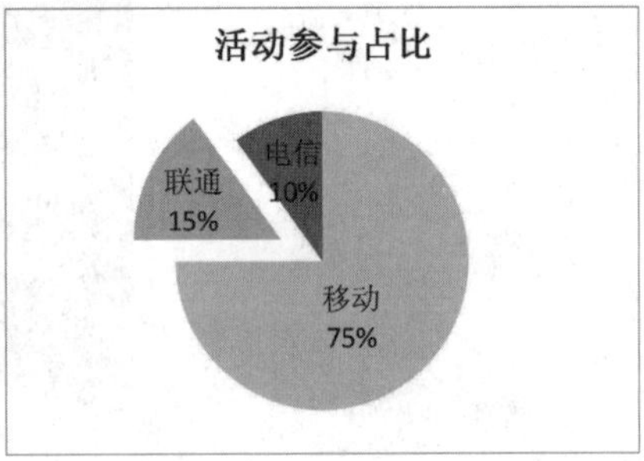

充值问题归纳

➤ 本次活动充值失败人数共**50**人

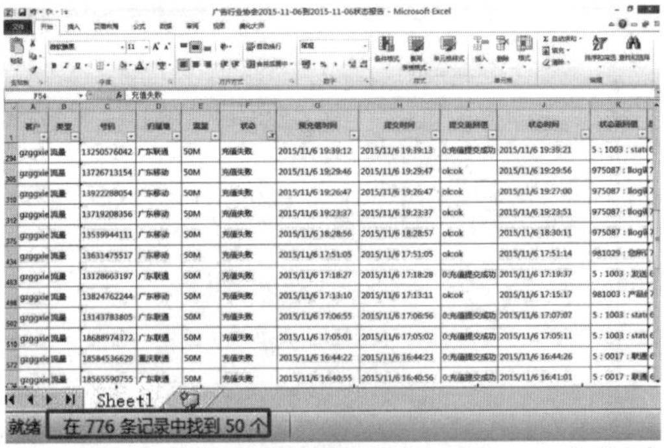

问题分析：1. 没有成功参与活动，验证码没有收到
2. 参与的个人号码并不是广东号码
3. 用户处在半欠费状态

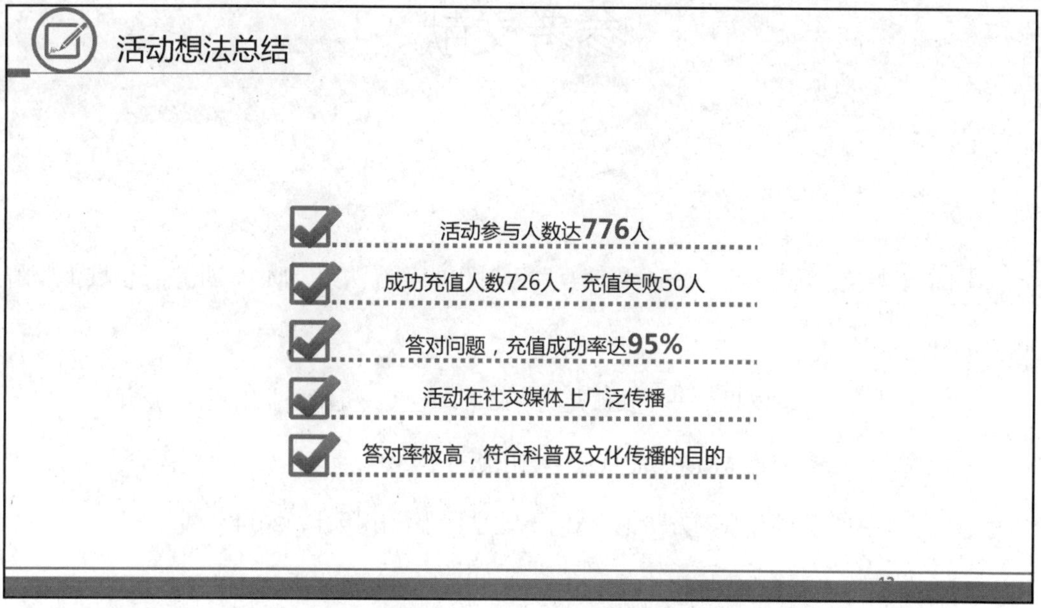
活动想法总结
活动参与人数达776人
成功充值人数726人，充值失败50人
答对问题，充值成功率达95%
活动在社交媒体上广泛传播
答对率极高，符合科普及文化传播的目的

参考文献

[1] 李善友. 颠覆式创新——移动互联网时代的生存法则［M］. 北京：机械工业出版社，2014.

[2] 赵大伟. 互联网思维——独孤九剑［M］. 北京：机械工业出版社，2014.

[3] 黎万强. 参与感［M］. 北京：中信出版社，2014.

[4] 周鸿祎. 我的互联网方法论［M］. 北京：中信出版社，2014.

[5] 朱海松. 微博的碎片化传播［M］. 广州：广东经济出版社，2013.

[6] 朱海松. 第一媒体：手机媒体化的商业革命［M］. 广州：广东经济出版社，2011.